JOSUÉ MORENO

DIOS Y EL MISTERIO DE CREER

HACIA UNA ESPIRITUALIDAD REAL Y PLENA

Grijalbo

A ti, lector, que te adentras con el corazón
dispuesto a ser transformado.
A Társila, mi abuela, cuyos besos
en mis manos extraño profundamente.
A Paula, mi compañera, a quien amo sin cuánto.
Y al Amor que habita en todas las cosas

Papel certificado por el Forest Stewardship Council®

MIXTO
Papel | Apoyando la silvicultura responsable
FSC® C117695

Penguin Random House Grupo Editorial

Primera edición: mayo de 2025

Printed in Spain – Impreso en España

ISBN: 978-84-253-6849-3
Depósito legal: B-4.551-2025

Compuesto en Grafime S. L.
Impreso en Gráficas 94, S. L.
Sant Quirze del Vallès (Barcelona)

GR 68493

ÍNDICE

INTRODUCCIÓN

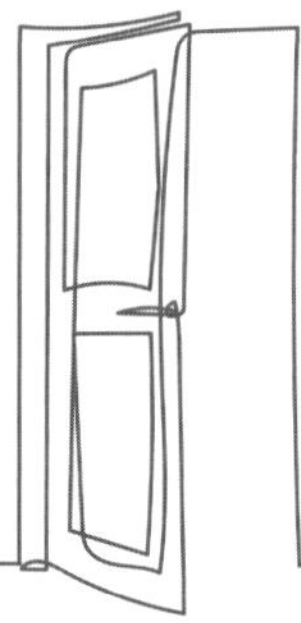

«Tú me haces tus preguntas a mí para que, con mis respuestas, yo te ayude a contestar las tuyas». Esto me dijo mi amigo y artista Ernesto en su episodio de *El Cafetal*, mi espacio digital de entrevistas y divulgación. A continuación, agregó: «No sé si es muy especial, pero práctico es».

No fue hasta unos meses después cuando descubrí que tenía razón. Sin saberlo, estaba en el Camino correcto. Es difícil encontrarte en uno mejor que el comunitario, el que incluye a otras y a otros en nuestras preguntas con el objetivo de habitar conjuntamente las certezas. Pocas cosas más bellas y transformadoras que descubrirnos en los ojos de otras personas cuando tenemos sed.

El 7 de febrero de 2024 recibía un correo inesperado. Confuso y perplejo, leí: «Estoy convencida de que es el momento de trasladar esas inquietudes y conocimientos que tienes a un formato tan bonito, íntimo y atemporal como es un libro» —preciosas palabras de Ana, mi querida editora—. Me inundó un sentimiento de incapacidad junto con otro de *bad timing*, «inoportunidad», ensordecedor durante unos minutos. A la mañana siguiente, después de meditar unos minutos mientras paseaba por la playa con mi perro Taco, algo fuera de mí traía a mi recuerdo las palabras de Ernesto como una invitación sutil.

Este libro que lees es un paso más en esa dirección; es un ejercicio de autoconciencia, introspección, crítica y desarrollo de mis creencias, fe y espiritualidad en pos de una vida más plena.

Si eres alguien que cree tener todas las respuestas, que ya encontró El Dorado o Gondolin, probablemente este libro no sea para ti; regálaselo a alguien que esté en el camino de búsqueda, y, quizá, más bien, de hallazgos. Y en este caso, perdóname, pero no soy yo, eres tú. Ahora bien, si en muchos momentos te sientes como alguien más lleno de preguntas que de certezas, bienvenido al club. Si el asombro te recorre los huesos al vislumbrar el atardecer, si ves al ser humano como la puerta del cielo o si intuyes que la paz se halla cerca del que anhela la justicia, quédate. Estás donde tienes que estar.

Aquí encontrarás a otro humano explorando sus grandes preguntas desde el reconocimiento de su falta de respuestas y su imperiosa necesidad de certezas para vivir la vida. Este es mi primer viaje escrito hacia el interior —donde habitan mis dudas, anhelos e intuiciones— con vocación a lo exterior. Ojalá que este libro te ayude a descubrir nuevas ideas, conceptos y experiencias; pero con el fin de que ello te inspire, conmueva y transforme. Y que, con esto, el mundo que habitas florezca contigo.

A lo largo de las próximas páginas iré caminando alrededor de ciertos temas que conciernen a la fe, la espiritualidad, la existencia de Dios, la vida plena y las grandes preguntas de la vida que me han interpelado desde que tengo memoria de mi propia conciencia. Por esta razón, como pinceladas de acotación en diferentes partes, te contaré también algunos detalles de mi propia historia, interrogantes inconclusos, certezas y experiencias de transformación. Porque, como seguro que sabes, nos solemos ver obligados a aprender de nuestros errores, pero es igualmente valioso (y más inocuo) aprender de los errores del prójimo.

Después de mi camino escribiendo este libro, el que queda es el tuyo. Estoy convencido de que hallarás una satisfacción y de que experimentarás una transformación directamente proporcionales a tu disposición a sintonizar contigo, conmigo y con todo; mi ánimo es que te entregues para convertir mis palabras en susurros en tu rincón de lectura particular, y, en especial, para que cobres conciencia de lo divino que ya se encendió en ti, y que lleva tiempo desarrollándose, aun sin tú ser consciente.

Dios me libre de decirte lo que tienes que pensar, sentir o creer. Tu libertad es muchísimo más importante que mis ideas. Eso no significa que no vaya a hacer lo posible para que explores, repienses, encuentres y creas: en ti y en lo que está en ti, y encima de ti.

Tus pasos los creas tú.

Tu vida la ofreces tú.

Tu fe la descubres tú. Y viceversa.

En varios puntos del libro te encontrarás frases intercaladas escritas en cursiva. El objetivo de estas será ayudarte a parar para contemplar, meditar y cobrar conciencia de algunas verdades e ideas en el camino (si no te gusta cómo suena cobrar conciencia o despertar, puedes leerlo como interiorizar o grabar en tu corazón). Caminemos.

Aprender no es sinónimo de despertar o cobrar conciencia.

Cuando encuentres una de estas frases, para. Descansa. Respira. Siente qué y cómo resuena en ti.

Te animo a que no pases al siguiente párrafo hasta que no sientas que estás preparado.

Si tu cuerpo o mente genera resistencia, permanece. No la sueltes. Contémplala y busca la razón que te incomoda. Cuando tengas la convicción de que esa idea, verdad o invitación descansa contigo, continúa. Medita hasta que las palabras se hagan carne.

Voy a confesarte algo. En estos años he vivido en mi propia piel que hay más esperanza y transformación en el diálogo, en el encuentro de dos buscadores de la verdad y la trascendencia, que en la confrontación de estos. En los debates puede que haya ganado seguidores. Pero en afirmar nuestros anhelos y en cobrar conciencia de que no estamos tan lejos he hecho amigos.

¿Sabías que cuando te sientes amenazado por otra persona tu cuerpo se transforma? Pues sí, cuando ves al otro no solo como distinto, sino también como distante, tu fisiología cambia. Estudios en el campo de la neurociencia muestran que el funcionamiento de tu cuerpo muta radicalmente activando tu piloto de alarma o detector de peligro. Como consecuencia, la idea de conectar se vuelve quimérica. En contraposición, cuando no te sientes amenazado, sino que tienes una voluntad de acercamiento y colaboración, tu nervio vago hace acto de presencia y relaja tu cuerpo (reduciendo la frecuencia cardiaca y promoviendo un estado de relajación y calma), se reduce el estrés y la inflamación de tu cuerpo, y se produce una mayor liberación de oxitocina (la famosa «hormona del amor», tan asociada con sentimientos de confianza y bienestar). Tremenda maravilla la del cuerpo humano, ¿no te parece? Por eso es fundamental recordar, cuando me encuentro con una persona, que el otro es distinto, pero no distante; es decir, no es igual a mí ni hay necesidad de que así sea, pero está cerca. De hecho, en este preciso momento te estás encontrando conmigo a través de la lectura de este libro.

Tú no eres yo, pero no estamos tan lejos como pueda llegar a parecerte.

Cuánto necesita el ser humano examinarse a sí mismo y vigilar sus pensamientos e intenciones. Y, sobre todo, ser honesto consigo mismo. Un peligro para el progreso y el Misterio es el prejuicio, la mirada cínica y la hipocresía; los tambores de guerra y las sombras multiformes que tal vez ya empezaron a inundar tu mente.

Por eso, quizá, la tentación de vislumbrar intenciones oscuras en mis palabras estará esperándote agazapada detrás de cada página, esa llamada que te invita a sospechar en lugar de buscar una conexión te acompañará todo el libro;

sin embargo, las canciones de victoria e unión jamás dejarán de sonar.

Mi deseo es que este escrito sea una invitación e inspiración para toda persona con ánimo de profundizar y repensar el mundo y su existencia en él, se considere creyente, escéptico o ateo. Comenzaré por «El Principio» (parte I) del viaje, con la intención de explorar dos conceptos esenciales en cualquier acercamiento espiritual: la verdad y la fe. Acto seguido, y con una aproximación algo más racional e intuitiva a lo trascendente y divino, quiero que observemos juntos algunas de las razones que a lo largo de la historia han llevado a tantas personas a creer en «El Misterio» (parte II), ergo, en Dios. Por último, nos moveremos hacia «El Camino» (parte III), algo más trascendentalmente humano y espiritualmente práctico. Con suerte, en esta última parada, indagarás conmigo cómo atender y escuchar lo que parece tan inaccesible a veces, con el ánimo de conectar con lo humano y lo divino, con el principio y con el fin; o, como me gusta llamarlo, con la materialización de la trascendencia.

Ortega y Gasset dijo en una ocasión que la diferencia entre los humanos y los animales es la capacidad de introspección. Y, en efecto, no hay duda de que todos los seres humanos nos hacemos preguntas. Sobre la vida, la muerte, el sufrimiento, el amor, la espiritualidad o Dios. Y, como es esperable, necesitamos respuestas a nuestros grandes interrogantes. Como persona criada en un contexto religioso minoritario, créeme cuando te digo que es absolutamente esencial para el ser humano obtener respuestas y que estas hagan justicia a la complejidad y magnitud del ser humano, en vez de esas que solamente llenan ese espacio de pensamiento acotado posterior a la pregunta. Los seres humanos somos seres espectacularmente complejos, con miles de aristas e historias que dan forma a nuestra manera de percibir la realidad. Por esa razón, estoy convencido de que necesitamos respuestas que no nos deshumanicen. Necesitamos propuestas integrales y holísticas que no silencien ni menosprecien ninguna de nuestras realidades. Los humanos somos mucho más que seres materiales, mucho más que seres con capacidad de mejorar y crecer, y mucho más que seres espirituales. Una vez más, debemos tener cuidado con las herejías: verdades parciales predicadas como completas y absolutas. En este sentido, te animo a que observes bien cualquier tipo de afirmación sobre la realidad que, pretendiendo ser completa y final («así es la realidad»), te proporcione una mirada sesgada y parcial de esta. ¿Cómo es el mundo en el que vivo? ¿Por qué soy como soy?

Necesito respuestas que me hagan más humano; nunca menos.

El materialismo ateo, el estoicismo pop o el fundamentalismo religioso no pueden ayudarme porque me deshumanizan y reducen mi naturaleza completa a una sola parte de ella. Hace de una de mis partes mi totalidad; como todas las herejías. No somos robots. Ni máquinas de productividad. Ni meros átomos colisionando. Ni espíritus encerrados en cárceles de carne. Somos seres humanos. Somos seres sentipensantes. Afirmar que una parte de la realidad es el todo o que una visión parcial es todo lo que existe resulta, en primer lugar, una herejía, y en segundo, un enemigo a mi desarrollo pleno.

Siendo más concreto, si las respuestas o soluciones pasan por afirmar que todo lo que existe es lo que veo y toco, que la realidad se resume solo en átomos y reacciones químicas, no la quiero, porque me lleva a una humanidad desconectada de sí misma; una humanidad que omite su innegable dimensión espiritual. El mayor problema del materialismo ateo es que nos encamina hacia el mismo sitio en el que empieza: la nada. Si, por otro lado, de pronto tengo que evadir e ignorar mis emociones haciendo como si no existieran, tus *burpees* no me sirven porque me degradan conduciéndome a un humano emocionalmente bloqueado. Esa suerte de estoicismo pop de «no puedes estar triste» o «los hombres no lloran» no solamente es ridícula, sino que resulta enfermiza y antinatural en tanto en cuanto bloquea cualquier tipo de crecimiento. Vivir esa realidad a lo mejor me mantiene «no triste» durante un tiempo prolongado y productivo —que esa es la clave: mi productividad, no mi salud y mi conexión—. Más tarde, cuando esté agotado, me traerán a un coach a la empresa para explicarme cómo cultivar la dimensión espiritual y emocional que rechacé hace tiempo haciendo pilates y cuidando de un bonsái.

Con respecto a esto, pero en otro orden de cosas, si tu religión me dice que apague mi cerebro y crea sin pensar o cuestionar, que ignore mis dudas y silencie mi curiosidad en pro de la fe ciega, lo siento, pero no puedo renunciar a la razón que necesito para amar y conocer la realidad última de la existencia (Dios) con todo lo que humanamente soy. Al final del día, las ideas que dan forma a tu vida tendrían que ayudarte a ser mejor, a progresar, a vivir una vida con propósito. No hablo solo de una vida «feliz», hablo de una vida que, aunque a veces duela, merece la pena ser vivida.

Pero tú ya sabes esto. De sobra sabes, por todo lo que has vivido ya, que es más virtuoso «llorar con los que lloran y reír con los que ríen»;[1] que hay más crecimiento en vivir en una meditación diaria que te hace ser «como árbol plantado a la orilla de un río, dando siempre fruto a su tiempo»,[2] y que, para amar de verdad, hay que hacerlo con todo: «corazón, mente y fuerzas».[3]

¿Por qué Misterio?

Si alguien quiere acercarse a esta dimensión de Dios, que aquí llamo «el Misterio», de manera clara, cerrada y dogmática, este libro quizá le decepcione. Hoy por hoy, honestamente, no estoy ahí. Mi ser me empuja más hacia una exploración desde otro lugar. Me acerco a Dios más como Misterio que como dogma; más como Esencia que como sistema de creencias. Me atrae más contemplarlo como la certeza subyacente de mi propia

---

1. Romanos 12, 15-19.
2. Salmo 1, 1-3.
3. Mateo 22, 37-39.

razón, como a la luz de Eärendil.[4] No es casualidad que haya escogido la palabra «misterio» como carbón desde el que escribir. El Misterio habita más en lo que se sabe inabarcable que no en lo concreto, como deseo de conocer los confines del cosmos, como límite del conocimiento que tiende al infinito, como anhelo indestructible del Bien, como Conciencia que se zarandea en lo oscuro, como susurro de Amor eterno.

Y aun con todo eso, el Misterio de Dios es lo bastante obvio o simple como para que su existencia pueda ser percibida o asumida hasta por un niño, pero al mismo tiempo absolutamente complejo e inabarcable, lo que hace imposible para los seres humanos la tarea de concretización y sistematización de su naturaleza. Esta ha sido una constante en mi vida desde que era niño. La certeza inexplicable de la existencia de lo trascendente y lo divino siempre ha estado presente en mí sin necesidad de mucha investigación o persuasión. A su vez, a lo largo de los años he experimentado otra constante: cuanto más creo conocer a Dios, más siento que se aleja. Esta sensación de lejanía no es más que una percepción subjetiva de mi experiencia; lo que estoy viviendo no es su distancia, sino una mayor comprensión de lo trascendente y asintótico de su existencia.

Cada vez que quiero encapsular a Dios, se evapora.

Pero ¿no sería esto lo que debería esperar si existiera una realidad verdaderamente trascendente, un Dios con la inten-

---

4. Luz de la esperanza en la mitología de J. R. R. Tolkien: «Que sea una luz para ti en lugares oscuros, cuando todas las demás luces se apaguen», Galadriel a Frodo en *El Señor de los Anillos: la Comunidad del Anillo*.

ción de interactuar con los humanos ayudándolos a crecer? Si este es el Misterio que existe, en tanto bueno y real, en efecto, lo esperable sería que su existencia fuera de percepción sencilla; y en tanto Dios, infinito e inabarcable. De ahí que la invitación de acercarse a Dios más como pregunta que como respuesta sea tan atractiva. En sí mismo, hay algo muy valioso en ese acercamiento a Dios. No porque en Dios no habiten respuestas —¡tremenda estupidez sería afirmar eso!—, sino porque en demasiadas ocasiones las respuestas que suelen habitarse son muy pequeñas, y presentadas, más de lo que me gustaría, como batallas dialécticas de las que extraer una suerte de confort o cercanía divina, con el consecuente ostracismo al perdedor de la contienda teológica-filosófica-política. ¿No te parece curiosa esta tendencia? Como si una interpretación tuviera la capacidad de limpiar nuestra insatisfacción, tapar nuestras vergüenzas o conectarnos con lo que nos trasciende. Obviamente, no. Me pregunto si será el ruido interno que tenemos el que parece apaciguarse con el runrún de las batallas. No me extrañaría.

Si Dios es, como parece evidente, el Misterio de los misterios, la Pregunta de las preguntas, la llamada de lo desconocido y de lo conocido a la vez; si lo piensas con frialdad y dejas algo de hueco para la intuición, ¿esperarías encontrar a Dios más en el misterio y la pregunta sin respuesta o en los fundamentalismos religiosos?

Pues eso...

Me parece extraño encontrar a veces en conversaciones con amigos más complejidad y perplejidad en la pregunta de cómo hacer kombucha en casa o en el funcionamiento del «falso 9» de Guardiola que en la propia existencia de lo divino.

Dios tiene que vivir en la pregunta. De hecho, sonrío cuando observo la pregunta incómoda y, aún más, cuando la respuesta inconcreta y confusa replica airosa porque ahí trasciende la teoría. Ahí surge parte de la magia y la poesía. Cuando hay más anhelo de sistematización, de concreción y de detalle, es justo ahí cuando necesitamos que aparezca el Misterio. Y si el compromiso con la Verdad es total, *el Misterio siempre aparece cuando más se lo necesita.*

Recuerdo a la perfección cuando volví de Oxford. En ese tiempo empecé a investigar y a introducirme en disciplinas espirituales como el silencio, la meditación o la oración de rezos antiguos. Estaba perdido y busqué la ayuda de Ruth, una persona con mucha más experiencia de fe que yo y con elementos en su espiritualidad que sin duda yo deseaba. Quería que ella me ayudara y se lo pedí. Irónicamente, ese año coincidió con mi estudio de filosofía de la religión en la Universidad de Leeds. El acercamiento a la teología y la filosofía de esta universidad es muy analítico. No hay hueco para florituras y poesías cuando se trata de las ideas que están siendo exploradas. Este enfoque, sumado a mi facilidad para sobrerracionalizar absolutamente todo y buscar respuestas en cualquier pequeño detalle, era un *match* preciosísimo.

En una de las llamadas con Ruth, recuerdo intentar contestar a la pregunta de «¿Qué está Dios tratando de decirte en este tiempo?». No tenía ni pajolera idea. En su intento de entender qué pasaba en mi mente y en mi realidad, me preguntó qué estaba estudiando. Me encontraba escribiendo un ensayo sobre los conceptos de Dios, en concreto sobre la inmutabilidad divina. Recuerdo explicarle durante un buen rato la problemática que había al comprender a un ser perfecto e infinito que se hacía finito e imperfecto. Tal persona explica esto, pero es problemático por esta razón. Esta perspectiva es interesante porque... Ruth me interrumpió para decirme: «Lo mismo no podemos entenderlo. Quizá es un misterio». F***. Eso último retumbó. La idea de misterio era algo que me producía un rechazo absoluto. Era una suerte de pereza intelectual, de conformismo pobre. «Ya, ya —respondí con rapidez—, esa respuesta está muy bien para la mayoría de la gente, para tranquilizarse y no martirizarse con las grandes preguntas, pero a mí no me sirve. Si es coherente la idea, debe tener sentido, tiene que haber una buena explicación para cualquier caso». Y justo ahí, apareció el Misterio.

En parte, tengo que reconocer que estoy de acuerdo con eso de buscar las respuestas a las grandes preguntas de la vida y no conformarse con acudir al misterio como comodín del desconocimiento o de la vagancia intelectual. Pero, a su vez, Dios es la pregunta de las preguntas, y esto aún tenía que asimilarlo de una manera más profunda. De todos los misterios que hay ahí fuera, lo divino y lo trascendente son el misterio supremo. La conclusión de esto es sencilla: la expectativa de tener todas las respuestas es en sí misma quimérica. Porque si no hay hueco para el misterio, no puedes estar hablando del Misterio supremo. Sin misterio, no puedo hablar de Dios.

Si en tu teología no hay Misterio, no está hablando de Dios.

Si en tu teología no hay hueco para el Misterio, la duda o el fallo, no puede estar hablando de Dios. Es demasiado pequeña. Es, en sí misma, irrespetuosa. Si no hay hueco para el misterio, tu Dios es demasiado pequeño. A tu Dios le falta Misterio. **La falta de misterio es una falta de respeto al Misterio.**

«Dios no se ofrece a nuestros seres finitos como algo del todo completo y listo para ser abrazado. Para nosotros, él es eterno descubrimiento y eterno crecimiento. Cuanto más pensamos que lo entendemos, más se revela él de otra manera. Cuanto más pensamos que lo retenemos, más se retira él, arrastrándonos hacia las profundidades de sí mismo».[5]

El Misterio. Ay, el Misterio. Un año más tarde, en la apertura de mi tesis del máster hacía mías las palabras del filósofo Stephen T. Davis, diciendo: «Cualquier teoría sobre Dios que no tenga espacio para misterio es probablemente falsa». Y añadía: «Esto no significa que no debamos intentar eliminar tantos misterios y preguntas como podamos, sino que más bien se trata de un reconocimiento honesto de las limitaciones humanas para comprender muchos temas que superan nuestra existencia».

---

5. Teilhard De Chardin, P. *The Divine Milieu*, Harper & Row, Nueva York, 1965, p. 139.

Hay que empujar más en la dirección del reconocimiento de la propia ignorancia y el abrazo de la distancia que nos ciega cuando meditamos en lo que es más grande que nosotros. Necesitas experimentar el calor que abrasa cuando quieres acercarte solo a Dios, y el frío infernal que te visita al alejarte en medio del sufrimiento. El Misterio es el manantial que genera humildad y no soberbia; vida y nunca muerte; agua de vida y amor que ahuyenta todo temor. Si no te convencen algunas de estas ideas, no te preocupes. Puedes tomar lo que te haga bien y te rete, y aparcar (no desechar) lo que te genere ruido. Desechar no me gusta y no lo recomiendo, porque en tiempos de guerra muchas de las ideas que se iban a desechar, pasado un tiempo, pueden convertirse en apacibles trincheras en las que descansar. Y, sobre todo, no te lo tomes como algo demasiado personal ni creas que es algo mío personal. Mis ideas, en cierto modo, tampoco me pertenecen. No significa que no me haga responsable de ellas, pero es que, en parte, tampoco puedo hacerme responsable del todo. Mi realidad no existe en el vacío inverosímil, tiene su porqué en unas coordenadas, historias y guerras tanto internas como externas. En mis palabras verás atisbos de aquel que vuelve a catar el vino que tanto le fascinó un día, resolviendo que, si antes estuvo ahí el Misterio, hoy ya no está.

A modo de cierre, creo que:

la letra con sangre no entra mejor;
a más teología, no hay más paraíso.

Incluso con la mejor intención, podemos apagar el Espíritu; y que, hoy por hoy, después de muchos años sabiendo bien qué creer, necesito aprender también cómo creerlo.

Me interesa el qué creer, pero, sin duda, me interesa mucho más cómo creerlo.

«Empecemos por el principio —dijo el rey—. Así será más fácil continuar».

LEWIS CARROLL,
en *Alicia en el País de las Maravillas*

PARTE I

EL PRINCIPIO

LA VERDAD

El que busca la verdad
corre el riesgo de encontrarla.

MANUEL VICENT

Históricamente, tener la razón se ha conseguido de miles de maneras con escasa virtud. Políticos, religiosos o empresarios han tenido o poseído la razón a través de la mentira, la manipulación o la coerción. La famosa frase de Joseph Goebbels «Una mentira dicha mil veces se convierte en verdad»[6] la siento más cerca de lo que me gustaría hoy, y me abruma al percibir propaganda que no parece tener problema en usar la falsedad, el bulo o *fake news,* como se denomina en la actualidad, para conseguir diversos objetivos. Yo, personalmente, a través del ejercicio de este libro, deseo huir de mi necesidad o deseo de tener la razón, no la quiero. Mi anhelo es conocer la verdad.

---

6. Joseph Goebbels, ministro de Propaganda de la Alemania nazi bajo el mandato de Adolf Hitler.

No quiero tener razón. Quiero conocer la verdad

A diferencia de la razón, la verdad no se puede poseer; en muchos sentidos la verdad es dinámica, está viva y, si hubiera posesión de algún tipo, sería la verdad la que te poseería a ti y nunca tú a ella.

El destacado poeta español de la generación del 98, Antonio Machado, dijo que se debía «perseguir la verdad hasta donde la verdad nos lleve». Esta frase se vinculó mucho también al político y filósofo español que fuera presidente de la Segunda República Española, Manuel Azaña, quien aparentemente la pronunció en repetidas ocasiones en sus discursos. Aunque en verdad hay ecos de esta idea en la antigua Grecia con Sócrates, en la duda de Descartes, en la observación de Galileo, en la defensa kantiana, en la exploración de Stuart Mill o en las preguntas de Einstein. Y no me extraña porque ¡qué gran verdad!, valga la redundancia, que ha traído al ser humano tanto florecimiento en las sociedades en las que vive llevándolo a imaginar sin prejuicio y a repensar lo establecido. Reflexiona por un momento sobre cómo esta idea ha impactado en materias tan importantes como la astronomía o la medicina. Desde descubrimientos en los movimientos planetarios hasta la cura de enfermedades que terminaban con la vida de millones de personas alrededor del mundo. Desde la Antigüedad la concepción geocéntrica fue aceptada con mayor desarrollo gracias al modelo presentado por Claudio Ptolomeo en el siglo II. No sería hasta 1543 cuando un clérigo astrónomo y matemático polaco, después de investigar, encontraría problemas en el modelo ptolemaico al presentar la teoría heliocéntrica. Nicolás Copérnico persiguió la verdad encontrando fallas en el modelo tradicional hasta terminar repensando la cosmología. De manera similar, un punto de inflexión en la historia de la medicina aconteció a mediados del siglo XX cuando una observación en apariencia fortuita en el laboratorio fue perseguida con minuciosidad hasta el final por un bacteriólogo escocés. Esta búsqueda incesante de la verdad por parte de Alexander Fleming junto con otros científicos trajo consigo la cura de una enfermedad extremadamente peligrosa y mortal como era la sífilis. Ejemplos como estos solo reafirman la convicción de que la verdad importa y que el deber como ser humano es perseguirla hasta donde esta nos lleve. Además, me parece un concepto fascinante este de «persecución» —perseguir la verdad—. Es fascinante porque se acerca más a la idea de una explorador, detective o artista, que a la de un pensador dogmático. Es la idea de alguien que se sabe en necesidad de la verdad para progresar, crecer y avanzar siendo libre; y que está dispuesto a perseguirla el tiempo que haga falta y hasta los últimos confines de la tierra.

Para mi sorpresa, en las lecturas introductorias durante mi tiempo en Oxford estudiando teología, el *principal* Michael Loyd, al leer los valores del *college*, mostró en pantalla lo siguiente: «Creemos en la búsqueda de la verdad hasta donde esta nos lleve».[7] Como te imaginarás, esto me atrapó

---

7. Michael Lloyd: *As academics, we believe in pursuing truth wherever it leads.*

por lo fascinante que me parece la idea y porque conectó con una de las frustraciones que tuve con mi experiencia universitaria en España, donde percibí de todo menos búsqueda intrépida de la verdad. Puede que, de manera idealista, contemplara la universidad como ese lugar en el que explorar el pensamiento y cuestionarlo todo. Todavía hay en mí parte de esta idea, porque creo que toda persona que se matricula en una universidad se adentra al lugar en el que las ideas se desarrollan, en el que ocurre la magia. ¿No debería ser la universidad el mejor espacio posible para que las personas pudieran repensar, cuestionar, preguntar y, en definitiva, perseguir con todas sus fuerzas la verdad? En este sentido, espero que la universidad de la próxima década tenga más que ver con Hogwarts que con el Congreso de los Diputados.

Aun con todo esto, los ideales, entre otras cosas, están ahí para ayudarme a recordar la virtud a la que aspiro y para guiarme en esos muchos momentos en los que mi realidad se aleja de ella. Así fue como al comienzo del segundo trimestre experimenté una bonita distorsión cuando se produjo el debate sobre la existencia de Dios entre dos profesores de la Universidad de Oxford: Peter Atkins, profesor emérito de Química y ateo, y John Lennox, profesor emérito de Matemáticas y cristiano. Durante el desarrollo del debate entre ambos, hubo algo que llamó poderosamente mi atención. Después de un tiempo discutiendo, Lennox le hizo la siguiente pregunta a Atkins: «¿Qué tendría que ocurrir para que cambiases de opinión sobre tu ateísmo y tus ideas sobre Dios?». A lo que el profesor ateo respondió de manera tajante: «Nada». No había nada que pudiera ocurrir para que cambiara de opinión. Esto me perturbó, porque estaba delante de un profesor de un área científica que decía que pasara lo que pasara no se movería, afirmando sin problema que no había nada que pudiera descubrir que le hiciera cambiar de opinión. No pareció en absoluto la actitud de un perseguidor de la verdad, sino más bien la de un religioso ateo aferrado a su creencia o cosmovisión por encima de posibles nuevas evidencias o experiencias.

—Todos los hombres son estúpidos.

»Juan, ¿tú qué eres?, ¿un pájaro?

Puede que, llegados a este punto, estés pensando que tengo una visión demasiado alta de la verdad o incluso demasiado absoluta o trascendente. Si es así, te diré que en parte sí y que, en parte, quizá estás equivocado. Con demasiada frecuencia nos encontramos con personas que dicen muy a la ligera «la verdad no existe» o, de modo aparentemente menos categórico, «todo es relativo» o «la verdad es relativa». Digo «aparentemente menos categórico» porque en la práctica son el mismo perro con distinto collar.

La verdad no existe, todo es relativo. Pero déjame preguntar: «¿Es eso verdad?», «¿es verdad que la verdad no existe?», «¿es verdad que todo es relativo?», «¿esa afirmación tuya también es relativa?». Imagino que tu frase no es verdad porque has dicho que la verdad no existe. Si la verdad no existe, entonces afirmar que «la verdad no existe» tampoco puede ser verdad, porque no existe. Aunque parezca un trabalenguas, frases como «la verdad no existe» o «todo es relativo» se autodestruyen. Quien las pronuncia, en realidad, está pidiendo que no se le crea. En otras palabras, esta afirmación pretende ser una verdad absoluta que lo relativiza todo, sin darse cuenta de que se relativiza a sí misma anulando su propia afirmación.

El famoso filósofo ateo Bertrand Russell dijo: «Cierto tipo de gente que se cree superior suele decir con suficiencia que "todo es relativo", lo cual es absurdo, porque si todo fuese relativo, no habría nada relativo a ese todo».

Querido, la verdad absoluta no existe. Existe la verdad. Y la verdad es o no. No puede ser ni relativa ni absoluta, es verdad sin más. De hecho, la verdad por definición es exclusiva y excluyente. La verdad es exclusiva en tanto en cuanto es inaccesible para todo aquello que no es verdad, y es excluyente porque excluye a todo lo que es mentira.

Pero, aún más la necesidad de la verdad, lejos de ser algo de mera necesidad lógica, tiene implicaciones directas para la vida. De hecho, no solo es que la verdad exista, sino que debe y tiene que existir porque sin la verdad el ser humano se sumiría en las tinieblas, el mundo colapsaría. La vida no es vivible sin verdad. ¿Qué sería de la ciencia si no asumiera que existe la verdad? ¿Y qué diríamos de la medicina? No sé si has tenido el maravilloso privilegio de que te extraigan las muelas del juicio. Yo sí y ya te digo que hubiera preferido ser menos juicioso. Ahí estaba Josué, sentado en el sillón reclinable de la clínica, mirando con recelo los instrumentos metálicos que brillaban bajo la fría luz del flexo. El dentista, de rostro inexpresivo y manos enguantadas, se acercó con una calma escalofriante.

«Doctor, ¿me ha puesto usted la anestesia?», preguntó Josué, con una clara inquietud *in crescendo* al ver al dentista tomar las pinzas para la extracción. En ese momento, el dentista alzó la vista lentamente y esbozó una sonrisa casi burlona. Con el rostro de quien oculta oscuros secretos, inclinó la cabeza hacia él mientras la luz del flexo parpadeaba como un susurro enfermizo, proyectando sombras que parecían cobrar vida. «Nunca lo sabremos, Josuelito... Puede que sí o puede que no», murmuró con voz serpenteante. Una vez más, la pregunta de Josué no tenía respuesta mientras el sonido metálico de las pinzas y el cincel retumbaba, llenando la habitación de una incertidumbre tan oscura y densa que mareaba.

En una realidad distópica donde la verdad no existiera, tu día a día se parecería más de lo que querrías a una historia de terror barata como la que acabas de leer. Pero, dejando las escenas de terror a un lado, ¿qué pasaría con el periodismo? Pues quizá un poco lo que a veces siento que pasa hoy con la comunicación y la televisión. Sin la verdad, el periodismo se convierte en una fábrica de rumores en la que reinan la confusión y la desconfianza.

Estos ejemplos de la ciencia, medicina o periodismo no son más que tres ejemplos del cataclismo que supondría vivir en un mundo sin verdad. En todas las áreas de la vida se da por hecho que la verdad existe. Por ello, creo que la verdad debe protegerse, porque atentar contra ella es atentar contra la capacidad humana de entender y vivir la realidad.

Abro un pequeño paréntesis para hacer una somera reflexión sobre algo que por momentos parece colisionar con el concepto de «verdad»: la tolerancia. En algunos círculos, de manera un poco cínica, parece estar instaurándose que ser tolerante significa decir que todo el mundo está en lo cierto y que cada cual tiene su irrefutable verdad. Esta es una semilla muy peligrosa, porque menoscaba el valor y el poder tanto de la verdad como de la tolerancia y la concordia. Piénsalo por un segundo: es imposible que todo el mundo lleve la razón. O Santaolalla está en lo cierto defendiendo que la Tierra es esférica, o bien mister Tartaria lleva razón y te han engañado las élites, pero las dos cosas no pueden ser verdad al mismo tiempo. Si la verdad no existe, entonces no hay nada de lo que discutir y, además, no tendría sentido hablar de tolerancia a otras formas de pensar. Sin verdad no hay tolerancia, porque todas las opiniones son verdad y no lo son al mismo tiempo.

Cuánto bien le haría al ser humano volver a retomar la tolerancia y la concordia que defendían pensadores como Voltaire cuando escribía: «No comparto lo que dices, pero defenderé hasta la muerte tu derecho a decirlo».[8]

Esta es la tolerancia en la que deseo creer: un entorno en el que los seres humanos puedan florecer, con independencia de lo que piensen, amen o adoren, sin que ello implique la destrucción de la verdad. La verdadera libertad y tolerancia se manifiestan cuando tú sostienes una opinión completamente

---

8. Hall, E. B., *The Friends of Voltaire*, Cornell University Library, Nueva York, 1906, p. 199.

diferente a la mía, pero, aun así, respetas mi derecho a expresarla, incluso si estás convencido de que estoy equivocado. Y a la inversa. Creo que debemos seguir promoviendo el respeto y el amor a lo diferente y al diferente, a mí en última instancia, y seguir luchando por la libertad del que piense distinto. Quiero afirmar sin temor que estoy de acuerdo en que estamos en desacuerdo, y que eso no tenga consecuencias negativas. De lo contrario, correré el riesgo de menoscabar la verdad, el desarrollo o incluso todo a la vez. Cierro paréntesis.

Recuerdo con mucho cariño, durante mi etapa como estudiante de Ingeniería Mecánica en Ciudad Real, escuchar decir al que fue mi mentor durante esos años y amigo hoy, Andy Wickham: «Las personas no suelen tomar decisiones basándose en evidencias, sino en preferencias». Te dejo unos segundos para que puedas pensar en esto a la luz de lo que comentaba del debate de esos dos profesores de Oxford.

Evidencias o preferencias

Desde ese día, lo llevo como una suerte de mantra para muchos momentos: Josué, evidencia o preferencia. Evidencia o preferencia. Persecución de la verdad cueste lo que cueste o costumbrismo sesgado cómodo. El compromiso era el de perseguir la verdad hasta donde esta llevara.

Como parte de mi trabajo como comunicador, me invitan a diversos espacios para hablar, dialogar o incluso debatir diferentes ideas o cosmovisiones. Recuerdo de manera agridulce un espacio en el que mi compañero Gerson y yo fuimos a hacer una formación. Era un lugar único y exclusivamente de creyentes cristianos en el que varias personas se mostraron muy incómodas con las cosas que estábamos comentando. En mitad de una intervención de Gerson, con cierto retintín, un hombre de unos cincuenta años dijo: «A ver si ahora voy a tener que cambiar de opinión». Como movido por un resorte, me incorporé y, tras unos segundos mirándolo tranquilamente, le pregunté: «¿Y no sería eso precioso?».

¡Qué pena que cambiar de opinión sea visto como algo tan humillante y aterrador! ¿No te parece? Cambiar de opinión implica haber descubierto algo que no sabías, haber evaluado la evidencia, haber reconocido que no estabas en lo cierto sobre algo en particular y haber decidido dejar atrás lo que pensabas que era verdad por algo que ahora sabes que es o está más cerca de la verdad. Así que, cuando me descubra equivocado, lejos de ser algo de lo que avergonzarme, me alegraré profundamente, porque la verdad, que se había perdido, ha sido encontrada.

Nada más precioso que cambiar de opinión

En contraposición, quien no esté dispuesto a cambiar de opinión ya hace tiempo que apagó el cerebro en muchas áreas de la vida, con independencia de la materia. Me da igual si se trata política, religión o ciencia. Bien por dogmatismo o por escepticismo extremo. Aunque el ejemplo que acabo de mencionarte me ocurrió con una persona creyente, no pienses que esto es exclusivo de religiosos irracionales dogmáticos. Esta actitud puede encontrarse en todas partes, incluso entre quienes, en teoría, están comprometidos con el descubrimiento de la verdad, e incluso en uno mismo. Ya he mencionado el momento de cerrazón de Peter Atkins en su debate. También recuerdo al conocido escritor ateo Christopher Hitchens en su entrevista con Bill Maher, cuando afirmó que era imposible que cambiara de opinión, que no existía evidencia o acontecimiento capaz de hacer que modificara su parecer. Es decir, Christopher ya sabía que todo era material y que nunca podría ver algo inmaterial, aunque se manifestara frente a él. Daría igual si viera espíritus, milagros o revelaciones divinas tangibles y claras, porque ya había llegado a esa conclusión, descartando esa posibilidad. Como consecuencia, cualquier manifestación trascendente que viviera la atribuiría a una alucinación, un fallo en el lóbulo frontal o agotamiento.

¿Qué tendría que suceder para que cambiaras de opinión sobre Dios? Es una pregunta que planteo con frecuencia en mis conversaciones. En el verano de 2023, durante un debate sobre la existencia de Dios, uno de los participantes afirmó con firmeza que nada podría hacerle cambiar de opinión: «No va a pasar», concluyó. Me sorprendió, pues provenía del ámbito científico, así que le respondí: «Esa postura es profundamente anticientífica». ¿Por qué? Porque afirmar que algo no pueda ser cierto de manera categórica, cuando no se trata de una verdad lógico-matemática (y tiene mucho que ver con tus opiniones y observaciones del mundo), se acerca incontrolablemente al dogmatismo. Es una forma de llegar a una conclusión previa a cualquier tipo de investigación, con el riesgo de anteponer mis intereses sobre la realidad. Es decir, no importa cuánto se investigue, da igual la cantidad y calidad de las evidencias que surjan, si ya llegaste a esa conclusión, te cierras también a cualquier avance posterior. Esta es una postura rígida y estática, que se aleja de una actitud abierta y en constante búsqueda de la verdad. Sería algo similar a lo que le pasa a mi abuelo Tomás con el PSOE. Aunque se demostrara que son reptilianos de ultraderecha que lo han estado engañando durante todos estos años, él te diría: «Yo siempre votaré al PSOE porque soy del PSOE». ¡Ole, *arsa*, abuelo! Lo mismo les ocurre a muchos fanáticos del Bicho cuando lo comparan con el Mesías. Pero, bueno, es fanatismo futbolístico, creencias irracionales y otras dolencias.

Bromas aparte, quiero que se entienda claramente esto. Todos los seres humanos, en mayor o menor medida, tenemos sesgos de confirmación en relación con ciertos temas. Es decir, yo tengo una tendencia de interpretar y buscar la información de tal manera que refuerce y confirme mi hipótesis previa o mi creencia, en muchos casos sin tener en cuenta la evidencia contraria. El ejercicio de búsqueda o persecución de la verdad exige un compromiso con esta que debe estar por encima de mis compromisos previos con mis marcos de referencia, costumbres o incluso pasiones. Ello me recuerda a lo que el psicoanalista Carl Jung denominaba «objetividad desprejuiciada». En una de sus magistrales intervenciones, teorizó acerca de que el profundo respeto por los hechos, por el enigma de la vida del hombre, solo se consigue con una observación y una objetividad sin prejuicios. Y que, aunque pueda sonar casi a precepto científico y podría confundirse con una actitud mental puramente intelectual y abstracta, se trata de algo muy distinto. Solo quien se ha aceptado por completo a sí mismo, así como los hechos, puede alcanzar esta cualidad humana.

El terrible y difícil ejercicio de analizar mis inclinaciones, creencias irracionales y sesgos cognitivos, que, en caso de tener evidencias en contra, me forzarán a persistir en el error, es fundamental. Esta invitación sirve para todo ser humano: creyente, escéptico o ateo. Perseguir la verdad implica luchar contra la tentación de anteponer mis conclusiones previas a la investigación; de lo contrario, no habrá posibilidad real de descubrir el Misterio o de experimentar el cambio y todos los beneficios que este conllevará.

Piensa en algo que crees que es del todo cierto y que, además, te resulta muy útil para la vida. Puede ser una certeza en tu creencia religiosa, por ejemplo, «Dios me ama» o «el Corán es la palabra de Dios». Puede ser también una creencia sobre tu familia, por ejemplo, «Mi madre es de verdad mi madre biológica». Personalmente, creo que, si mi madre Carmen no fuera en realidad mi progenitora, si no me hubiera parido, este sería un descubrimiento doloroso de terribles consecuencias. Es decir, me costaría aceptarlo al ser consciente de lo mucho que he construido alrededor de esa certeza y la confianza depositada en su persona. ¿Qué has pensado tú? Interesante...

Déjame preguntarte: si tuvieras una montaña de evidencias en contra de esa creencia, ¿qué harías? ¿Estarías más cerca de ignorar o negar las evidencias, o de investigar aun con el riesgo de abandonarla con todas sus consecuencias?

Sinceramente, cambiar de opinión no es sencillo. Te lleva a recordar que eres vulnerable, que no tienes todas las respuestas, y sirve como un empujón o lección de humildad. Además, en muchos casos, cambiar de opinión puede tener un coste en términos sociales o económicos, entre otros. En mi caso, sé que hay cosas que asumo como verdades inamovibles, y cambiar de opinión sobre ellas sería una tarea difícil que conllevaría grandes consecuencias para mi vida. Sin embargo, espero que mi compromiso con la verdad sea mayor que mi apego a la comodidad, la tradición o al costumbrismo.

El precio de la verdad

«Si mi novia me está poniendo los cuernos, prefiero no saberlo», recuerdo que me dijo mi amigo Luis.

«¿De verdad?», pregunté.

«Obvio, menuda movida», me respondió.

Luis llevaba razón: menuda movida. No obstante, ¿no sería también una movida mantener un compromiso de amor y fidelidad con alguien que dejó de tenerlo hace tiempo? La mentira también tiene un precio.

En el pódcast *Cosmic Skeptic*, el famoso biólogo ateo Richard Dawkins decía: «Para mí, lo que realmente importa son las afirmaciones de verdad del cristianismo [...]. Una religión puede ser valiosa por razones políticas [...] pero creo que es la manera incorrecta de abordar la religión. Creo que lo que realmente importa sobre una religión es si es verdadera».

¿Sabes? Estoy absolutamente de acuerdo con Richard Dawkins en lo que respecta a esa idea. Está bien estudiar lo beneficioso y positivo de la cosmovisión cristiana o cualquier otra cosmovisión sobre la cultura, ética y estado del bienestar; pero la pregunta que hacer a una religión no es justo si es útil (social o políticamente hablando), sino si es verdad.

Morfeo: Esta es tu última oportunidad. Después, ya no podrás echarte atrás. Si tomas la pastilla azul, fin de la historia: despertarás en tu cama y creerás lo que quieras creerte. Si tomas la pastilla roja, te quedarás en el País de las Maravillas y te mostraré hasta dónde llega la madriguera de conejo.

[Morfeo extiende ambas manos, mostrando las pastillas a Neo].

Morfeo: Recuerda: lo único que te ofrezco es la verdad, nada más.

[Neo observa las pastillas en silencio, dudando por un momento. Finalmente, toma la pastilla roja y la ingiere].

Si viste la película *Matrix*, recordarás esta escena. ¿Qué pastilla elegirías tú? ¿Despertar en una realidad ficticia pero placentera? ¿O la verdad y solo la verdad? Yo no quiero vivir mentiras por muy bien que me hagan sentir o por muy buen sistema que desarrollen para vivir. Yo quiero la pastilla roja. No solo porque tenga cierta tendencia prusiana heredada de mi madre, que diría mi progenitor, sino porque estoy convencido de que la verdad es un bien en sí mismo. La verdad desbloquea cosas que no existen sin ella. No hay libertad ni florecimiento sin verdad. No tiene ni siquiera sentido hablar de la utilidad cuando imperan las tinieblas y el escepticismo, al no saber en qué tipo de mundo vivo, qué porcentaje de verdad y mentira enfrento y, por ende, absorbo. Por tanto, ante la pregunta de «¿Qué valoras más, la verdad o la utilidad?». Te respondería que la utilidad es consecuencia de la verdad siempre, porque donde está la verdad, tarde o temprano, emergen cosas más poderosas que esta. De manera opuesta, allá donde reinan las mentiras acaban rechinando los dientes.

No buscar la verdad también demanda sacrificios y, con ellos, tarde o temprano, el que termina en el altar eres tú mismo.

Por esta razón, en la introducción del libro te decía que, si ya lo tenías todo claro, si ya tenías toda la razón, probablemente este no era para ti. No porque yo no quiera que lo leas, me encantaría que lo hicieras, sino porque me entristecería profundamente que no te ayudara. Si crees de modo fehaciente que ya tienes la razón, lo normal es que solo encuentres peros en estas páginas, y lejos de preguntas que te empujen al infinito, hallarás limitaciones (incluso a tu propio descubrimiento). Si, por el contrario, te abres a la posibilidad de no estar secuestrado por la razón, ¡bienvenido!

La idea de este libro es explorar lo cotidiano y trascendente, lo humano y lo divino, desde el suelo que pisamos hasta el

Misterio, o lo que llamamos Dios. Pero si te acercas sin considerar lo no material como una posibilidad, sin estar abierto a que algo más pueda existir, no habrá posibilidad alguna de que lo descubras aquí.

Conclusión

La mentira nunca es suficiente para nadie, por mucho que te guste o por muy «sencilla» que parezca hacerte la vida. Aun así, perseguir la verdad hasta donde esta te lleve no es tarea fácil: implica asumir el reto de caminar, buscar y explorar de manera activa y abierta, incluso si eso conlleva que tengas que sufrir y cambiar de opinión. Sin embargo, lo que es seguro es que este esfuerzo te enriquece profundamente y que, sin duda, merece la pena.

Solo la verdad te hará libre.

LA FE

Puede que al terminar estas primeras páginas te sientas sorprendido o incluso perplejo al leer una apología de la verdad, así como una invitación activa a perseguirla eliminando sesgos y prejuicios hasta donde esta conduzca, al tratarse de un libro que lleva la palabra «Dios» en su título. Si así fuera, yo tampoco te condeno, aunque espero que, al terminar este capítulo, y posteriormente el libro, no peques más.

En este apartado quiero que nos adentremos en algo que, a mi juicio, es complementario a la verdad. Y quiero hacerlo hablando antes de un tipo de fe, la ciega, y lo que esta supone en el sendero de búsqueda en el que nos encontramos. Mi intención es cavar un poco en la idea de la fe, las ideas preconcebidas y los ejemplos escondidos.

La fe ciega

> La primera gran virtud del hombre fue la duda,
> y el primer gran defecto, la fe.
>
> **CARL SAGAN**

¿Te gustan las series y las películas? A mí (quizá ya lo hayas intuido), sí, mucho. Y es que creo que muestran, en muchos sentidos, la realidad en la que vivimos en la medida de las ideas que imperan y proliferan, las grandes preguntas existenciales y sociales que nos hacemos, así como los anhelos y clamores de la sociedad. Por eso, hay muchos momentos en que, al prestar atención a los diálogos, las narrativas o las metanarrativas de las películas o series nos descubrimos a nosotros mismos investigando y cuestionando las grandes preguntas de la vida. ¿Qué hacemos aquí? ¿Cuál es mi misión? ¿Dónde está Dios? ¿Se puede vivir sin fe? Al fin y al cabo, como otras muchas expresiones artísticas, son un espejo y un resorte que invita a la autoauscultación.

Mi amigo Gerson usa con frecuencia un extracto de un episodio de la famosa serie del doctor House para ilustrar cómo suele pensarse acerca de la fe. El momento es de lo más curioso. El maravilloso médico se encuentra hablando con la hermana Augustine, una monja, acerca de una alergia que le está provocando un dolor intenso. Además de hablar de sus dolencias, House parece lanzarle problemas que pasan de lo médico a lo religioso. Tras unos minutos, la monja replica: «¿Está intentando que pierda la fe?». El doctor House, con su mirada de superioridad característica, le responde: «Puedes tener toda la fe que quieras... en espíritus, el más allá, el cielo, el infierno. Pero cuando se trate de este mundo, no seas idiota». No contento con esto, el médico termina con un *punchline* como si de un rapero se tratase, diciendo: «Tú puedes decir que pones tu fe en Dios para superar cada día, pero cuando se trata de cruzar la carretera, yo sé que miras a ambos lados».

¿Cómo está House describiendo la fe aquí? ¿Qué ideas vienen a tu cabeza? Y, aún más importante, ¿qué dicotomías (elecciones de solo dos cosas A o B) está ofreciendo? Para el doctor la fe existe en un marco que podríamos llamar mágico, irracional o religioso. Ahí se hallan las cosas que están bien si crees y te hacen sentir bien, «cree lo que tú quieras», porque no parece que tengan un gran impacto sobre la realidad que vives. ¿Cierto? Para House, tú puedes creer en el más allá o en Dios, pero eso no se traducirá en cómo vives tu vida o, usando sus palabras, no influirán en «cómo cruzas la calle». En contraposición, existe otro marco —donde se encuentra él—, que es el racional, pragmático, científico. Este marco está dictado por las evidencias y pruebas de la vida real. Las cosas de este lugar no se «creen por fe», sino que se comprueban, se «mira a un lado y después al otro» antes de cruzar, y, menos mal que lo hacemos porque, si no, podríamos estar muertos.

Mucha gente, cuando se habla de «fe», al igual que el doctor House, piensan que se está hablando de «fe ciega», de una creencia irracional, sin fundamento o evidencia alguna, que no solo se cree por falta de evidencia o estudio, sino que incluso se cree a pesar de las evidencias en contra. Quiero pararme a desarrollar bien esta idea. «Fe ciega» podría suponer creer en algo sin prueba o razón alguna, pero que, aunque se quisiera falsear, no se podría, porque no hay evidencias en contra. Pero el concepto de «fe» que algunas personas albergan va más allá. Richard Dawkins, por ejemplo, dice que la fe es «creer incluso en contra de la evidencia». En otras palabras, *la fe no es solo creer en lo mágico, sino en lo mágico que contradice lo real*. Según esta definición, sería como si un juez encontrara todas las evidencias incriminatorias para condenar a un presunto homicida (cámaras de seguridad que muestran el acto, señal GPS que corrobora las coordenadas espaciotemporales de este, varios testigos que lo vieron entrar y salir, ratificación balística y forense, pruebas de ADN en el arma y en la víctima, y la confesión del presunto homicida) y, aun así, dijera que la víctima murió por desmayo al caerse sobre su smartphone.

Investigando un poco sobre el concepto «fe», y más específicamente sobre la «fe ciega», me surgían preguntas. Como persona inteligente, fui a buscar respuestas donde se encuentran todas: ChatGPT. Estando en el lugar correcto, le pregunté: «¿Por qué es malo tener una fe ciega? Resúmemelo». Discúlpame las formas, pero con la IA solemos deshumanizarnos y no usamos ni saludos ni agradecimientos. La respuesta no se hizo esperar:

> Tener fe ciega puede ser problemático por varias razones.

Aquí algunas principales:

1. Falta de pensamiento crítico.
2. Riesgo de sufrir manipulación.
3. Intolerancia a otras perspectivas.
4. Estancamiento personal.
5. Riesgo de cometer errores graves (malas decisiones).

Y concluía con lo siguiente:

En general, se valora la capacidad de cuestionar, analizar y evaluar nuestras creencias de una manera crítica.

¿Qué opinión te merece la respuesta de ChatGPT? ¿Puede la fe ciega ser problemática por todas las cosas que dice? Yo, tras reflexionar cada punto, creo que sí. Seguramente se te podría ocurrir algún aspecto problemático más, pero, sin duda, estos se dan. Me gustaría profundizar sobre estos puntos.

En primer lugar, como ya mencioné en el primer capítulo, el cultivar un pensamiento crítico que duda, filtra y cuestiona lo que se cree sobre la realidad, la historia y las propias emociones y sensaciones es esencial. Por el contrario, podría estar abrazando ideas irracionales, ilógicas, falsas o con claras distorsiones de la realidad. Unas buenas preguntas que hacerse son: «¿Por qué creo lo que creo?», «¿Por qué creo esto?», «¿Por qué esto en lugar de las alternativas existentes?». Si la respuesta fuera, a fin de cuentas, un «porque sí», entonces no hay razones que sustenten la creencia, no hay respuestas que justifiquen por qué esto en lugar de lo otro, y me encontraría ante una creencia aceptada sin ningún tipo de fundamento, lo cual rezuma una evidente falta de pensamiento crítico, así como de pensamiento propio —que no se olvide este segundo elemento—. ¿Por qué enfatizo este último? Porque los seres humanos pueden acabar reproduciendo discursos con argumentos en apariencia complejos y embellecidos, pero que, o bien no se acaban de entender del todo, o bien no han llegado a esa conclusión por ellos mismos; sin embargo, se acogen como propios. La consecuencia de esto sería una respuesta parecida a la anterior, pero adornada. No sería simplemente un «porque sí», sino más bien un «porque me lo explicaron muy bien así» o «porque me gusta así». En ambos casos, hay una falta de pensamiento crítico y personal. En parte, los problemas sucesivos que menciona ChatGPT sobre la fe ciega se derivan de este primer ladrillo hueco. Veámoslos.

Alguien que no vive con el pensamiento crítico activo y desarrollado es, en segundo lugar, una persona muy vulnerable de sufrir manipulación a diferentes niveles, porque en última instancia es un sujeto susceptible de creerse cualquier cosa, y el peligro potencial de esto es terminar creyendo a cualquiera. Mentiría si dijera que en contextos religiosos o de espiritualidad no se pueden dar manipulaciones y abusos porque, de hecho, pueden darse y se dan. En toda comunidad o grupo en los que se desarrollan jerarquías o dinámicas de poder suelen tener lugar, lo que pone en riesgo a personas vulnerables. Un caldo de cultivo perfecto para que prolifere la oscuridad es la creencia no razonada, sin filtrar y ultraprocesada. Tengo que entrenar mi mente para detectar las trampas del miedo, escuchar a mi cuerpo para saber cuándo me comunica de manera clara que ese lugar no es adecuado, y desarrollar discernimiento espiritual para conectar con la luz y rechazar las tinieblas.

De manera similar, en tercer lugar, si no dudo de mi creencia, pocas críticas voy a hacerle, menos faltas le veo, rara vez empatizo con las críticas que se le hacen y en absoluto entiendo los porqués de otros que creen otras cosas. Si no me hicieron falta razones para abrazar mi creencia, ¿por qué me harían falta para rechazar la tuya? De donde no hay no se puede sacar.

Una parte en la que voy a seguir incidiendo mucho en este libro, y que coincide con el punto cuatro, es el desarrollo y crecimiento personal, no desde un punto de vista rancio o centrado en la productividad, sino desde el autoconocimiento y el entrenamiento, con el fin de ser seres humanos integrales y permitir así el descubrir y desplegar los dones y potencialidades con los que fuiste creado. No queremos menos. La fe ciega es un atentado a este despliegue o desarrollo porque, como dice la IA, produce estancamiento personal. No poder equivocarse, descubrir algo nuevo, cambiar de opinión, dudar, investigar, enamorarse... son sinónimos de estancarse y, como decía en el capítulo anterior, vivir en las tinieblas. La alternativa ya la sabes: caminar en la luz.

En quinto y último lugar, dice chatGPT que la fe ciega puede llevarme a «cometer graves errores» o tomar malas decisiones de vida. En función de todo lo que he comentado anteriormente, cada uno puede imaginarse un sinfín de escenarios en los que una persona podría tomar decisiones que la llevaran a perder dinero, propiedades o trabajos; sufrir daños físicos, psicológicos y espirituales; e, incluso, acarrear graves perjuicios contra personas vulnerables a su cargo, como bebés o menores de edad. De modo más grave, la historia ha mostrado cómo, en diferentes regímenes, el fin del cuestionamiento por parte de personas «normales» trajo consigo las mayores atrocidades. Esta fue la conclusión a la que llegó la filósofa Hannah Arendt después de presenciar en Jerusalén el juicio de Adolf Eichmann, alto cargo del nazismo capturado por agentes israelíes en Argentina en 1960.

Hay una cosa clara: la dimensión espiritual es real y muy poderosa. Por esa razón, a lo largo de la historia se ha usado tanto para fundamentar movimientos sociales que han transformado el mundo como para someter y maltratar a las masas. *Sabiendo esto, cuidemos de nosotros mismos, protejamos a los que nos rodean, y, lo que es lo mismo y más a la vez, respetemos siempre lo sagrado.*

La fe

> En lo que hemos visto y oído, en eso creemos.[9]
>
> **SAN JUAN, siglo I**

Llegados a este punto, puedes ver mi oposición a la fe ciega e irracional, al considerarla algo muy peligroso. La pregunta sigue ahí: «¿Qué es la fe?», «¿Puede la fe ser algo diferente a la fe ciega de la que he hablado en estas últimas páginas?». Y más importante aún: «¿Se puede vivir sin fe?». La respuesta a las dos últimas preguntas es un tajante «sí». Esta concepción irracional no ha estado presente nunca en el uso original de la palabra «fe» ni en los judíos del primer o segundo templo, ni en los griegos y romanos, ni en Jesús de Nazaret o sus discípulos, ni en la tradición cristiana de los primeros siglos, ni en los padres cristianos medievales como san Agustín, san Anselmo o santo Tomás, ni en los grandes teólogos protestantes como Lutero o Karl Barth, ni en las feministas cristianas como Lucretia Mott, ni en los abolicionistas cristianos como William Wilberforce o John Wesley, ni entre los eruditos cristianos de las facultades más importantes del mundo en la actualidad como Alvin Plantinga o N. T. Wright.

La palabra que hoy se usa como «fe» tiene su raíz en la palabra latina *fides*, que, a su vez, procede del vocablo griego *pistis*. *Pistis* hacía referencia a un acuerdo entre dos partes o a

---

9. 1 Juan 1, 3.

un vínculo de confianza fuerte. Esto le daba una connotación de «fiabilidad» en lo abstracto y de «confianza» o «fe» en lo más concreto.

El poeta griego Teognis (570-485 a. C.) hace de *pistis* —la confianza y la fiabilidad— una personificación de la deidad en la mitología griega.[10] Para Aristóteles (384-322 a. C.) el objetivo último de la retórica no era desarrollar un buen argumento o ganar la discusión, sino obtener la *pistis*, la fe, la confianza o la convicción;[11] mientras que el *Gorgias* de Platón (427-347 a. C.) definía la retórica como «la artesana de la *pistis*».[12] Más tarde, el autor romano Cicerón (106-43 a. C.) definió la «fe», *fides*, como «opinión firme» cuyo fin era la credibilidad.[13] Curiosamente, el apretón de manos que cerraba un pacto o acuerdo en Roma simbolizaba la *fides*. De hecho, la mano derecha era el símbolo de la confianza (un breve recordatorio de que «los zurdos son los hijos del...»).

Es interesante observar que esta idea contemporánea de «fe» como creencia en ciertos principios o ideas dogmáticas no solo estaba lejos del pensamiento grecorromano, sino que tampoco estaba presente en el judaísmo, que ponía el énfasis en el conocimiento pleno y la acción. Dice el rabino Yosef Mizrachi que el único espacio en el que se habla de «fe en Dios» en la Tanaj o biblia hebrea es en el libro del profeta Isaías[14] y

---

10. Teognis, Fragmento 1.1135.
11. Lo propio de la retórica es «ver lo convincente y lo que parece convincente», en Aristóteles, *Retórica*, 1355b15.
12. Platón, *Gorgias*, 453a2-3.
13. Cicerón, *De partitione oratoria*, 9.
14. Isaías 43, 10.

viene seguido de un mandato directo de «conocer a Dios» a través del entendimiento y la razón. Es decir, «fe en Dios» no es creer sin entender ni razón, sino todo lo contrario, «conocer a Dios» a través de toda la experiencia humana, incluyendo el intelecto. No obstante, en el camino a ese conocimiento pleno de Dios, se destaca la importancia de la palabra hebrea *emuná* —históricamente traducida como «confianza» o «fe»— y que está muy presente en toda la escritura judía.[15] El significado directo es confianza, fidelidad, lealtad y firmeza. *Emuná* es estar seguro de lo que se cree y fielmente establecido en lo que se cree. En este sentido, la «fe» en la tradición judía, al igual que se habla de la verdad, no es un concepto etéreo o estático, sino vivo y dinámico. La vinculación entre la «fe» y la «acción» aquí es directa. La fe debe traducirse en un estilo de vida. Las ideas tienen consecuencias. De manera más desarrollada y poética lo dirá Jesús de Nazaret en su predicación de la vid y los pámpanos al afirmar que «por sus frutos los conoceréis».[16] O sea, en qué o en quién confías determina tus frutos.

Por último y de manera nada casual, la palabra que eligieron los autores en el siglo primero cuando escribieron las biografías de Jesús en griego fue esa misma palabra griega *pistis* que, como he señalado, significaba «confianza». Más tarde, cuando el Nuevo Testamento fue traducido al latín, la palabra que se utilizó fue *fides*, que derivó naturalmente en *confide*, «con fe». La diferencia entre la idea de fe ciega o irracional, que exami-

---

15. Algunos ejemplos: Dt 32, 4; 1 Sam 26, 23; Sal 40, 10; Is 11, 5; Jer 5, 1; 7, 28; Hab 2, 4.
16. Mateo 7, 15-20.

naba en el apartado anterior, con esta idea de «fe» o confianza desarrollada hasta ahora es sustancial.

Si haces un pequeño zoom sobre los escritos de los seguidores de Jesús del siglo primero encuentras algunos detalles más que van a ayudar a ilustrar y entender esta interesante evolución conceptual. En el prefacio o introducción de la biografía más extensa sobre Jesús de Nazaret, escrita por el historiador antiguo Lucas (60-80 d. C.), conocido como el Evangelio de Lucas en la tradición cristiana, se puede leer:

> Después de investigar todo con esmero desde el principio, yo también decidí escribir un relato fiel para ti, muy honorable Teófilo, para que puedas estar seguro de la veracidad de todo lo que te han enseñado.[17]

Es decir, amigo, todo lo que leerás a continuación es fruto de una investigación histórica y rigurosa, elaborada con dedicación y mucho cariño para ti. ¿El objetivo? Que estudies, reflexiones, cuestiones y creas con fundamentos sólidos, para que puedas tener la certeza de que tu creencia es verdadera y está bien fundamentada. Lucas no le pide un «confía ciegamente», o «sométete a esto te guste o no», con pruebas o sin ellas, te convenza poco o mucho. Todo lo contrario, lo que instiga es a seria y críticamente reflexionar sobre lo que crees y asegurarte de que sea verdad.

Si los líderes espirituales que hay en el mundo se parecieran

---

17. Lucas 1.

más a Lucas y menos a algunos mandatarios políticos, empresarios o gurús frustrados, estaríamos más cerca de aguas en reposo y prados verdes que de despeñaderos y zonas áridas a merced de lobos y carroñeros.

De manera similar, el apóstol san Juan escribe también al final del siglo primero: «Lo que hemos visto y oído, eso os comunicamos».[18] En otras palabras, no venimos con imposiciones de ningún tipo, ni ideas de otros mundos o revelaciones incontrastables, sino con la verdad de lo que ha acontecido en esta tierra de Judea y lo que hemos vivido y experimentado nosotros mismos y nuestras familias en nuestras propias carnes. Esto es otra vaina.

En resumen; si la fe es confianza, **todos usan (y usamos) la fe cada día**. Puede que no confíes en un Dios que te ha creado con un propósito más grande que el de trabajar y comprarte una casa, pero sin duda, tienes fe en muchas otras cosas. Todos los humanos practican la fe cuando se suben a un avión sin saber cómo funcionan las leyes de la aerodinámica y sin haber hecho una comprobación del combustible o revisado los antecedentes penales del señor que se sienta a su derecha. Practican la fe cada vez que van al médico y dice que tienen que tomarse una medicación para bajar un número en negrita de la analítica de sangre que no saben qué diablos significa. Y más importante aún, todos practican la fe cada vez que le dicen a alguien «Te amo». Pocos actos representan un salto de fe tan grande como confiar en otra persona, entregándole

18. 1 Juan 1, 3.

el poder de hacernos daño en el proceso. Sin garantías ni certezas absolutas, depositar la confianza en el otro es una expresión profunda de fe, una apuesta a lo desconocido que refleja, una vez más, nuestra necesidad de vivir en fe.

Quiero aclarar que, aunque uses la fe en todas estas cosas, ello no significa que la fe sea ciega o irracional. Todo lo contrario. Tienes muy buenas razones para tener fe en todas estas cosas. Confías en unas leyes que aseguran tu bienestar y seguridad, en unos razonamientos que han demostrado ser coherentes y consistentes con lo que observas, y, finalmente, en experiencias que avalan tus creencias. La fe es un regalo que te permite disfrutar de la vida. Si yo no tuviera fe, no tendría amigos, no habría estudiado, no habría conocido diferentes culturas, no me habría casado y no estaría escribiendo este libro. Pero, como digo, mi fe no es ni ciega ni irracional. Tengo buenas razones para tener amigos, haber estudiado, haber viajado, haberme casado, estar escribiendo y confiar en que estas palabras te ayudarán a ti también. Y por todo ello, tiene sentido que haya hecho todas estas cosas. Han sido movimientos absolutamente lógicos y humanos. Después de diez años de relación romántico-afectiva con Paula, en los que he visto su amor, cuidado y preocupación por mí, es completamente racional que tenga una gran fe depositada en ella.

En resumen, y como respuesta a la última de las preguntas que realizaba al comienzo de esta discusión, «¿se puede vivir sin fe?». No. No se puede vivir sin fe. Al menos, si lo que se quiere vivir es una vida humana completa.

La fe de la ciencia

> No puedo imaginarme a un verdadero científico sin esta fe profunda.
>
> **ALBERT EINSTEIN**

No es raro que en diferentes espacios de discusión o debate acabe explicando de manera resumida parte de lo que he contado en la sección anterior, ya que muchas personas traen ideas sobre la fe más cercanas al concepto de «fe ciega» que al de «fe», que es confianza o convicción basada en lo que se observa y experimenta en la vida. De igual forma, no es extraño que, ante la sorpresa de que la «fe» sea más de lo que *a priori* pensaban, continúen afirmando que «prefieren creer en la ciencia». Cuando intento entender bien a qué se refieren con esa afirmación suelo encontrarme otras aseveraciones del estilo de «Yo respeto que haya gente de fe como tú, pero yo soy más de lo que se puede comprobar a través del método científico».

Tengo pocos momentos en los que piense «WTF», pero este es uno de ellos. En primer lugar, porque ese tipo de afirmaciones desprenden un tufillo de superioridad que no me gusta. Hay gente inferior que hace/cree/come X, los superiores hacemos/creemos/comemos Y. Son esos momentos en los que las personas —piensan que de manera sofisticada y escondida— dicen: «Existimos humanos superiores». A mí eso me toca la moral. Pero no cometas el error de pensar que este es un temita exclusivamente para los *besties* de la ciencia, porque esto nos suele pasar a todos en diferentes áreas de la vida. Hay gente a la que le sucede con la ciencia y a otros con la política, la alimentación, el deporte o la crianza de los hijos. Pero me molesta especialmente en este caso porque la afirmación no tiene ningún sentido.

Cada día observo a más divulgadores de ciencia alejarse de esta clase de ideas que eran tan comunes en mi etapa universitaria. A este tipo de ideas se las conoce como «cientificismo». El cientificismo o cientifismo es, de manera simplificada, la creencia de que todo saber y demostración deben venir dados por el método científico. Puede aparecer expresado de forma menos absoluta y afirmar que la ciencia es la fuente de verdad y conocimiento más válida que existe. O, de modo más contundente, con la aseveración de que las ciencias naturales son la única fuente válida de verdad y conocimiento. ¿Qué opinas sobre esto? ¿Has pensado alguna vez así o te ha atraído esta línea de pensamiento? ¿Quizá te has encontrado con gente que ha expresado ese discurso en tu presencia? ¿Qué problemas, si es que los tiene, le ves? Tómate unos segundos para pensarlo.

¿Ya? Seguimos. Siempre que tengo la oportunidad de hablar de esto, me gusta resaltar dos ideas que me parecen muy importantes y fáciles de recordar:

1). La ciencia descansa sobre presupuestos filosóficos que no pueden demostrarse a través de esta.

En primer lugar, es fundamental recordar que la ciencia está construida sobre unas ideas acerca de la realidad que asumen que esta es de una determinada manera incomprobable a través del método científico. No te preocupes, voy a explicarme más y mejor. Si yo te dijera: «Querido, querida, yo solo creo en lo que me demuestre la ciencia». Tú, con mucho cariño y amor, deberías decirme: «Josué, mi vida, pero la ciencia no puede demostrar a través del método científico la verdad de la afirmación que acabas de hacer». A lo que yo probablemente replicaría: «¿Cómo no? ¿Por qué?». «Pues porque —responderías tú— "yo solo creo en lo que me demuestre la ciencia" no es un enunciado científico, sino filosófico. La ciencia no puede demostrarte a través del método científico la verdad de tu afirmación». Yo debería darte las gracias.

En conclusión, la noción de que la ciencia experimental es el único medio para conocer la realidad es inherentemente contradictoria, ya que esta afirmación en sí misma está fuera del ámbito científico.

¿Puede la ciencia explicarlo todo? ¿Podría esperarse en el futuro que la ciencia lo explique todo? Lo cierto es que no. La ciencia no puede explicarlo todo y tampoco podrá explicarlo todo en el futuro, porque hay muchas preguntas que no son científicas, y hay muchas verdades que creo y asumo que tampoco lo son. Fíjate, de manera muy sencilla, ¿cómo puedo a través del método científico comprobar que la presión de la rueda de mi coche está baja sin asumir previamente que la información que mis ojos mandan a mi cerebro es real y confiable? No puedo.

La ciencia no puede explicar por qué las conclusiones que extrae son fiables.

El profesor Lennox, mencionado con anterioridad, publicó en español hace pocos años uno de sus libros, con el título *¿Puede la ciencia explicarlo todo?*[19] El matemático responde de forma muy sencilla y clara a esta pregunta sobre los límites de la ciencia poniendo delante del lector un bizcocho recién hecho.

«Imagina que mi tía Matilda ha horneado un bizcocho, y se lo entregamos a un grupo de científicos mundiales para que lo analicen. Los bioquímicos nos informarán sobre la estructura de las proteínas, las grasas y otros componentes del bizcocho; los químicos, sobre los elementos contenidos en él; los físicos podrán analizar el bizcocho en términos de partículas fundamentales; y los matemáticos, qué duda cabe, nos ofrecerán una serie de elegantes ecuaciones para describir el comportamiento de esas partículas.

»Ahora ya sabemos cómo se hizo el bizcocho y de qué está hecho, pero imagina que ahora preguntamos a los científicos por qué se hizo ese bizcocho. La sonrisa en el rostro de tía Matilda es evidencia de que ella sabe la respuesta, porque

---

19. Lennox, J. C. *¿Puede la ciencia explicarlo todo?*, Clie, Barcelona, 2021, pp. 33-34.

fue quien hizo el bizcocho. Pero, sin duda, es evidente por sí mismo que los mejores científicos del mundo no serán capaces de decirnos, basándose en sus investigaciones, por qué ella hizo el bizcocho».

Este ejemplo, aun siendo, como decía, muy sencillo y práctico, ilustra muy bien la relación de las ciencias naturales con preguntas sobre el mundo en el que vivo. Las ciencias, como reza el ejemplo del bizcocho, pueden responder a las preguntas sobre la naturaleza y la estructura de las cosas; sin embargo, nunca podrán contestar a las preguntas sobre el propósito de estas. La ciencia no puede explicarlo todo. El avance de la ciencia en este último siglo ha sido espectacular y, aun así, se sigue sin saber responder a la pregunta de tu hijo de seis años: «¿Para qué estamos aquí?».[20]

Por otro lado, el famoso escritor ateo Thomas Nagel lista cuatro cosas que la ciencia no puede explicar: el origen de la vida, el surgimiento de la moral, el fenómeno de la conciencia y la cognición.[21] No es cosa de poco. O como diría Rajoy, es bastante. Pero, lejos de centrarme en aquello que la ciencia no puede explicar (ya tendremos más tiempo para ello en la siguiente parte del libro), querría poner el énfasis en las verdades o los principios que la ciencia presupone para poderse desarrollar. Aquí quiero centrarme en lo que me encanta llamar la «fe de la ciencia».

La ciencia tiene fe.

---

20. Medawar, P. B., *Consejos a un joven científico*, Barcelona, Crítica, 2011, p. 31.
21. Nagel, T., *Mind and Cosmos: Why the Materialist Neo-Darwinian Conception of Nature Is Almost Certainly False*, Oxford University Press, Nueva York, 2012.

Quizá te sorprenda leer una frase así. Si solo te sorprende, está bien. La respuesta de algunas personas en Instagram fue más intensa (digámoslo así) y contestaron con más energía (pongámoslo así también) cuando lo dije por primera vez. Pero, de verdad, no se me ocurre mejor forma de explicarlo. La ciencia tiene fe en unos principios o presupuestos en los que confía para poder vivir y desarrollarse. La ciencia tiene «una fuerte convicción» sobre la veracidad de estos principios que no puede probar a través del método científico. La ciencia tiene una «fe firme» puesta sobre estos presupuestos que considera que son verdaderos. A mí personalmente me gusta dividirlos en tres. Aunque otros filósofos de la ciencia o estudiosos pueden proponer un orden, o incluso listado, diferentes.

SUPUESTO 1: EL MUNDO REAL

La ciencia presupone que existe un mundo real ajeno a las mentes que lo piensan.

Reflexiona en ello por un momento. ¿Y si resulta que este libro no existe? ¿Y si en realidad no tienes manos ni ojos? ¿Y si estuvieras en una simulación? ¿No podría ser que toda la realidad que percibes en tu mente no fuera si no el producto de tu propio cerebro, o incluso peor, de unos alienígenas malvados? ¿Y si vivieras en Matrix?

Si no asumes que existe un mundo real ajeno a la mente que lo piensa, ¡apaga y vámonos! No hay ciencia posible que puedas realizar.

SUPUESTO 2: EL ORDEN DEL UNIVERSO

La ciencia presupone que el universo está ordenado con unas leyes que se repiten.

¿Cómo se podrían formular teorías científicas sin asumir que las leyes de la naturaleza son predecibles y consistentes? Este orden del universo es un pilar esencial sobre el que descansa el método científico. Sin él, no se podrían investigar, comprender y anticipar los fenómenos naturales de forma consistente. Y, sin esto, sería imposible realizar validaciones científicas al observar resultados caóticos e impredecibles.

Sin la creencia de un universo gobernado por leyes naturales que se repiten, la vida de la ciencia se apaga.

SUPUESTO 3: LA MENTE HUMANA

Y, como ya adelantaba con una pregunta anterior, la ciencia presupone que los seres humanos tienen facultades cognitivas que los aproximan a la realidad. Es decir, que mi mente es capaz de observar el mundo real, que las leyes del universo se repiten, y, además, que estoy capacitado para entenderlo a través de la razón.

Querido, querida, nadie haría ciencia si no asumiera que sus facultades cognitivas están preparadas para conocer la realidad. En otras palabras, para hacer uso del método científico en el laboratorio tengo previamente que dar por sentado que mi cerebro y razonamiento lógico funcionan. Y para demostrarlo no puedo usar el método científico que estoy tratando de probar a través de mi cerebro y razonamiento lógico. Esto no es en ningún caso obvio y por ello dedicaré un pequeño espacio a la racionalidad humana en capítulos posteriores.

Cuando Einstein dijo: «No puedo imaginar a un verdadero científico sin esta fe profunda», no se refería a una fe en Dios, sino a una fe, confianza, en la inteligibilidad racional del universo. Por eso, como estoy enfatizando, **para hacer ciencia debo primero creer que la ciencia puede ser hecha**.

Con mucho ingenio, el que fuera profesor de mecánica cuántica de la Universidad de Cambridge, John C. Polkinghorne, afirmaba: «La ciencia no puede explicar su fe en la inteligibilidad del universo».[22] En otras palabras, que la ciencia tiene fe, pero no puede explicártela. Con todo esto, creo importante resaltar que la fe de la ciencia, aun no siendo «científica», me parece absolutamente racional y digna de respeto. Gracias a la fe de la ciencia, no solo puedo ver la realidad, sino que a través de ella puedo ver el resto de las cosas que existen. Si lo primero que debías recordar sobre este tema era que la ciencia descansa sobre presupuestos filosóficos que no son demostrables mediante la ciencia, la otra cosa que hay que recordar es que:

2). Los presupuestos filosóficos de la ciencia descansan sobre presupuestos teológicos.

En segundo lugar, una pregunta que hacerse es: «¿Cuál es el origen de esos presupuestos filosóficos sobre los que descansa

---

22. Polkinghorne, J. C., *Reason and Reality: The Relationship Between Science and Theology*, SPCK, Londres, 1991, p. 76.

la ciencia?». O «¿Cómo se llegó a esa convicción que ha demostrado ser tan fructífera para el desarrollo científico?». En definitiva, «¿Por qué tengo esa fe y de esa manera?». Históricamente hablando no hay muchas dudas. Estos presupuestos filosóficos de la ciencia que he estado analizando descansan sobre presupuestos teológicos.

Un universo creado por un Dios de orden con unos seres creados para conocer la verdad.

Los padres de la ciencia moderna tenían su cosmovisión, ideas sobre la realidad y respuestas a las grandes preguntas de la vida. Científicos como Kepler, Galileo o Newton pensaban que el mundo era de una determinada manera y a la hora de comenzar sus razonamientos e investigaciones científicas lo hicieron desde las certezas de su cosmovisión. ¿Desde dónde empezar? Desde la convicción, desde la certeza, desde la fe.

Johannes Kepler, en su *Astronomia nova*, escribió: «El principal propósito de todas las investigaciones sobre el mundo exterior debe ser descubrir el orden y la armonía racionales que han sido impuestos por Dios y que Él nos ha revelado en el lenguaje de las matemáticas».[23] Una visión muy particular de la verdad, del mundo, de la investigación y de las matemáticas. ¿No te parece?

Newton, quien fuera un buscador de Dios insaciable, escribía en lo que para mucha gente es la mayor obra de racionalidad científica elaborada por un ser humano *Principia mathematica*: «Tan elegante combinación de Sol, planetas y

---

23. Kepler, J., *Astronomia nova de motibus stellae Martis*, 1609.

cometas solo pudo tener origen en la inteligencia y poder de un ente inteligente y poderoso».[24]

Estas verdades que Kepler y Newton afirman creer firmemente no son científicas, obtenidas a través de ecuaciones matemáticas y pruebas en el laboratorio, sino verdades teológicas. Su creencia en Dios, y en un Dios determinado, les aportó un sustrato especial sobre el que construir los presupuestos filosóficos que la ciencia necesitaba para su desarrollo. En otras palabras, su fe en Dios les regaló los ingredientes de la fe de la ciencia.

¿Por qué creer que el mundo real existe? Porque «Dios es el geómetra supremo», afirmó Newton. Porque hay un Dios creador y diseñador del universo diferente al propio universo.

¿Por qué creer en la existencia de leyes coherentes que gobernaban el universo? Por «el orden racional impuesto por Dios», dijo Kepler. Porque el universo tiene una lógica y un orden racional con leyes coherentes que pueden ser estudiadas.

¿Por qué creer en las facultades cognitivas de los seres humanos? Porque «la mente humana es una obra de Dios, una de las más excelentes», explicó Galileo. Porque los seres humanos son imagen de Dios, y por esa razón, deben confiar en sus facultades cognitivas para estudiar y entender el universo, ergo, hacer ciencia.

La «fe de la ciencia» a la que llegaron no se ve tan extraña cuando conoces la «fe» que tenían. De resultas de sus creencias, no fue raro asumir que existía un universo que estaba ordenado y que los humanos podían estudiarlo de verdad.

---

24. Newton, I., *Philosophiæ naturalis principia mathematica*, 1687.

Desde aquí era fácil hacer ciencia porque creían que la ciencia podía ser hecha.

«¡Qué profundos debieron ser la fe en la racionalidad del universo y el anhelo de comprender, débil reflejo de la razón que se revela en este mundo, que hicieron consagrar a un Kepler y a un Newton años de trabajo solitario a desentrañar los principios de la mecánica celeste!».[25]

Quiero aclarar antes de continuar que hoy en día hay mucha gente haciendo ciencia de manera brillante y profunda sin tener la misma confianza en Dios que tenían los padres de la ciencia moderna. En ningún caso pretendo afirmar que solo quien tiene la certeza de Dios puede investigar y obtener la verdad. Dios me libre. A lo que sí aspiro en este apartado es a comenzar una conversación sobre la ciencia, sus límites y el origen de sus fundamentos filosóficos. Alguna persona podría argumentar que tiene fe en los mismos presupuestos filosóficos que la ciencia, pero que no tiene la misma fe que tenían los padres de la ciencia. Y no hay ningún problema, porque un científico no debe aceptar de forma dogmática los presupuestos teológicos para hacer ciencia. La pregunta que esa persona necesitaría responder sería la sobre el origen de esos fundamentos. «¿Por qué tienes fe en estos fundamentos filosóficos y no en otros?», «¿Cómo llegas a ellos?», «¿Cuál es tu marco de la realidad?», «¿Cuál es el origen del universo?», «¿Por qué deberías esperar que el universo fuera comprensible?», «¿Por qué confiar en tu razonamiento humano?». Cada persona

---

25. Blanco, C., *Dios, ciencia y filosofía*, Almuzara, Córdoba, 2019, p. 41.

debe, honestamente, intentar responder a estas preguntas o, al menos, comenzar a acercarse a ellas.

En este sentido, y como forma de ir cerrando esta sección, una pregunta que me parece interesante explorar es la siguiente: «¿En qué marco de la realidad es más probable que emerjan esos presupuestos filosóficos?». Dicho de otra manera, «¿Qué sustrato ofrece las mejores condiciones para que afloren estas ideas?». Para sorpresa de pocos, a mí no me parece ninguna casualidad que los fundamentos filosóficos sobre los que se construye la ciencia moderna brotaran de las mentes de estos científicos convencidos de la existencia de un universo creado por un creador inteligente y ordenado, siendo ellos mismos hijos de este Dios.

Como cierre, y a su vez condensación de los párrafos previos, es importante reconocer que la ciencia tiene y tendrá límites, no puede explicarlo todo. A su vez, como he explicado, un científico no puede hacer ciencia sobre el vacío o sobre una isla incomunicada del resto de las disciplinas del saber. El científico tiene que presuponer ciertas cosas de la realidad para poder hacer ciencia. La ciencia tiene unos presupuestos filosóficos necesarios y no demostrables a través del método científico para poder emprender la tarea de esta. Y, por último, en contra de una sensación popular, la ciencia moderna no es hija de materialistas ateos que afirmaran que era estúpido creer en Dios, sino justo lo contrario, los padres de la ciencia moderna, responsables de establecer estos presupuestos filosóficos, lo hicieron así precisamente porque creían en unos conceptos teológicos frutos de su fe en Dios.

La fe de María

La atención absolutamente pura
y sin mezcla es oración.

SIMONE WEIL

Los autores del Nuevo Testamento no solo hablaron de lo que era la fe, sino que además lo mostraron. Quiero hacer hincapié en el concepto de «fe» mostrándote el que para mí se ha convertido en el ejemplo práctico de todo lo hablado hasta ahora. María de Nazaret es la muestra por excelencia de la *pistis* en Dios.

Para sorpresa de mucha gente, se tienen bastantes detalles históricos del momento en el que esta adolescente, María de Nazaret, recibe la noticia de que ella sería la responsable de dar luz al mundo, de maternar y proteger a la esperanza de la humanidad.

Alrededor del año 80 d. C., el historiador Lucas termina lo que sería su gran obra en dos tomos: la biografía antigua de Jesús de Nazaret, el Evangelio de Lucas, y las historias y los viajes de los primeros discípulos de Jesús, los Hechos de los Apóstoles. Después de haber investigado y, sin duda, haber hablado durante muchísimas horas con la mismísima María de Nazaret, el escritor decide comenzar la historia de Jesús antes de su nacimiento poniendo el foco en su madre. Esto es muy curioso, porque a través de la narración se descubre a un personaje que no pasó desapercibido para los primeros cristianos de la historia, no solo por ser madre del Mesías, sino también por su valentía, sensibilidad espiritual y fe. De manera sencilla, observemos tres elementos sorprendentes, considerando que estamos hablando de una adolescente judía del siglo primero.

En el primer capítulo del libro escrito por Lucas, Dios se comunica directamente con María (v. 28). Esto puede sonar como algo demasiado mágico, místico o esquizoide; o incluso que no tenga relevancia alguna para ti un texto antiguo o escritura sagrada que menciona elementos sobrenaturales. No obstante, hace tan solo unos párrafos hablábamos de investigar sin cerrar puertas, sin acotar la búsqueda a mis inclinaciones más naturales o sencillas. Querida, querido, estás introduciéndote y explorando sin prejuicios todo lo que te hace humano con un objetivo claro: intentar conocer y conectar con lo que hay en ti, en mí, en nosotros. Si de verdad se quiere estar abierto a explorar el Misterio de la trascendencia y la espiritualidad, no podemos dejar fuera la posibilidad de lo sobrenatural o divino de antemano. De lo contrario, habremos impuesto la conclusión previa a la investigación y, aún más importante, no habrá nada divino que encontrar.

¿Cómo responde María al escuchar la voz de Dios?

«Confusa y perturbada, María trató de pensar lo que le decía», (v. 29).

Aquí, el escritor vuelve a poner el foco en la joven al describir su respuesta. ¿Responde María sin sorpresa alguna como si de la vecina de enfrente se tratara? En absoluto, la primera cosa que se observa es que la fe de María no es ciega o estúpida.

Ante lo que supone una experiencia paranormal o sobrenatural, la joven tiene miedo y se siente confundida y perturbada. «¿Qué es esto?», «¿Qué está pasando?». María responde como cualquier persona con dos dedos de frente. Eso no es su día a día y por su respuesta no parece que le haya pasado antes nada parecido. Recuerdo perfectamente la expresión del *influencer* y creador de contenido del mundo del tatuaje, René ZZ, en el episodio 16 de *El Cafetal*, cuando narraba con todo lujo de detalles la experiencia sobrenatural que vivió en su piso de Madrid después de pedirle a Dios serenidad y paz. Contaba, en parte agradecido y en parte confuso, que Dios le otorgó un silencio milagroso que le permitió tomar más conciencia de que Él era real («Y el pibe me silencia Madrid», decía). Esta experiencia venía precedida de un sueño en el que el gallego había sentido el amor de Dios, o como él mismo dijo: «... que Dios me amaba».

Me llama mucho la atención el énfasis que el autor hace sobre la acción que acompaña su sorpresa: «trata de pensar», comienza a cuestionar lo ocurrido y se hace preguntas. La palabra que elige como «preguntas» en el griego clásico es la palabra de la que deriva hoy «auditoría». Dicho de otro modo, María está auditando, examinando lo que ve, oye y siente. No rechaza lo desconocido o lo que la asusta, sino que lo examina y lo cuestiona. La fe de María está lejos de ser una fe ciega o infantil que cree cualquier cosa o en cualquier cosa por extraña que parezca.

El contraste de la respuesta a lo sobrenatural de María de Nazaret con la que Christopher Hitchens da en una entrevista con Bill Maher es abrumador. Si Christopher afirmaba: «Si veo esto, diré que estoy flipando», imponiendo su visión de la realidad a cualquier tipo de evento que pudiera experimentar, María observa y analiza de manera crítica, mostrándose abierta a lo desconocido.

Aunque hace años esta visión atea en demasiados momentos era bastante hegemónica, al menos en Occidente, llevo un tiempo observando un énfasis muy diferente en medios de comunicación e industria del entretenimiento. Se habla de espiritualidad y Dios en *El Hormiguero*, se muestran experiencias paranormales con algo más grande que nosotros en series de Netflix o se habla sin problema de fe en muchos espacios de pódcast. Como imaginarás, es un cambio que celebro, no solo porque ahora tengo más espacio donde participar, que también; sino fundamentalmente porque los seres humanos no somos solo seres racionales. Somos más. Somos seres racionales, emocionales y espirituales. Y creo que otra visión que no sea esta acorta la realidad y no termina de ayudarme a vivir la vida de verdad, porque me minimiza al mostrar una realidad parcial como la totalidad.

La vida sin abrazar mi espiritualidad es vida, pero a medias.

Regresando a la figura de María, ella sabe que tiene una dimensión espiritual y la explora de forma humana, usando lo que tiene: su intelecto y sus emociones. Esto es algo interesantísimo porque, sin darse cuenta, cuando se habla de espiritualidad a veces la imagen que viene a la cabeza es la de un monje tibetano o la de la tortuga de *Kung Fu Panda*. Gente rara, excluida y, en apariencia, sin demasiada conexión con el mundo de los vivos o de lo tangible. Y si bien, sin duda, estos son grandes personajes espirituales, la espiritualidad es una parte esencial de lo que somos y algo accesible para todas las personas, vivan en el campo o la ciudad, trabajen en casa o en una oficina..., que aspiren a vivir una vida integral y plena. No te digo esto como si yo fuera una suerte de yogui aislado con una disciplina espiritual perfilada y robusta. Lo digo como ser humano con cierta tendencia al caos, a la sobrerracionalización y a la evasión ante las emociones que le sobrepasan o asustan. Estoy contigo en el barco de ser cada día un ser humano más integral: que razona con intención, que percibe sus emociones y conoce su cuerpo, y que conecta y escucha la llamada de lo que le trasciende, del Misterio.

De nuevo, Dios vuelve a hablarle a María:

—Concebirás y darás a luz un hijo, y le pondrás por nombre Jesús.

—Pero ¿cómo podrá suceder esto? —le preguntó María—. No he tenido relaciones sexuales (v. 30-34).

El diálogo va subiendo de nivel y, ante el mensaje rocambolesco que le llega, la respuesta de la joven es, de nuevo, la que esperaríamos de alguien con los pies en el suelo. El pastor y escritor norteamericano Tim Keller se refería a la fe de María como «incredulidad moderada».[26] Me gusta esa descripción, ya que se trata de una duda intensa pero abierta al cambio si hay buenas razones.

---

26. Keller, T., *Navidad escondida*, Andamio, Barcelona, 2017, p. 92.

La fe de María no se precipita, no tiene prisa.

María no es una persona ingenua amante del pensamiento mágico y las brujitas de TikTok. Sabe que por muchas veces que diga «Alohomora» no se abrirá el baúl de su abuela y que las mujeres no se quedan embarazadas por la acción de los pájaros. Por esa razón, María dice que no ha tenido relaciones sexuales aún y, lógicamente, difícil negocio el de quedarse embarazada en esas circunstancias. A su vez, la nazarena hace algo más que no debe pasar desapercibido: pregunta de manera abierta «¿Cómo?». No corta la conversación, no termina la interacción, aunque no la entienda o la confunda. Porque ¿qué querría esperar de cualquier interacción con Dios? ¿Entenderla al cien por cien cuando no soy capaz de entender las interacciones de las personas con las que comparto vida y casa?

María no dice: «Cuando tengas un mensaje realista me avisas, guapo», que es una respuesta bastante habitual por parte de muchas personas cuando se habla sobre Dios o cualquier tipo de manifestación misteriosa. Quiero verlo, grabarlo, documentarlo, testarlo y ponerle el suero de la verdad. ¿Quieres meter en el laboratorio lo que trasciende a la materia que se deposita en el laboratorio? ¿Quieres encontrar a Cervantes físicamente leyendo *El Quijote*? Al igual que en ese libro de caballerías no encuentro a Miguel de Cervantes, sí que encuentro esencias y sensibilidades suyas o incluso ideas que me interpelan como si Miguel mismo me indujera a seguir galopando, y que no hacen sino reflejarlo durante toda su obra. Puede que la búsqueda de Dios como artista detrás de su obra, y no solo como geómetra detrás de su ecuación, te ilumine, aunque esta última siga existiendo y, como verás, inspirando a tantos.

—Ayúdame a entender si estoy equivocada —dice María.

Ahora bien, aunque María sabe que esto no es parte de lo «posible», sí que dice: «Ayúdame a entender si estoy equivocada». Si estoy tratando este texto en esta primera parte del libro es sobre todo porque creo que este es un punto de partida esencial antes de explorar el Misterio. Ante la incredulidad moderada y el pensamiento crítico que busca la verdad allá donde se encuentre, la apertura humilde de decirle a quien es más grande y complejo que yo: «Ayúdame a ver lo que no veo».

Dios habla de nuevo diciéndole que tendrá el hijo, pero añade algo más:

—Tu parienta Elisabet ¡quedó embarazada en su vejez! Antes la gente decía que ella era estéril, pero ha concebido un hijo y ya está en su sexto mes de embarazo. Pues para Dios no hay nada imposible.

María respondió:

—Soy la sierva del Señor. Que se cumpla todo lo que has dicho acerca de mí (v. 35-38).

El cierre de la escena es increíble. María como persona humana no entiende bien lo que está ocurriendo, no tiene todas las respuestas que querría. Sin embargo, parece entender que no es necesario tener todas las respuestas y decir «Aquí estoy». En el encuentro con el Misterio que me supera y me trasciende hay que aprender a parar, a esperar reconociendo que no puedo tener todas las respuestas. No puedo entenderlo todo (y menos aún al mismo tiempo), porque, además, en el proceso de querer todas las respuestas me agoto. Yo querría superar todos mis miedos e inseguridades antes de avanzar, pero casi todos los días me toca emprender la marcha sabiendo que ahí están. No puedes destruir las tinieblas antes de caminar hacia la luz, entre otras cosas porque es la luz la única capaz de terminar con ellas.

No entiendo todo, pero si es Dios quien habla, aquí estoy.

La manifestación de María de «si es Dios el que quiere hacer algo nuevo en mí, aquí estoy» no es trivial ni cómoda. Porque, en medio de las dudas de si todo eso es real, también emergen los miedos relacionados con la consecuencia de que, en efecto, lo sea. ¿Cuál sería el precio del «sí» de la joven judía si se queda embarazada antes de casarse? ¿Qué pasa con la gente de su prometido, su familia o los vecinos del pueblo? ¿Qué pasa con ella y con sus sueños? Al principio mencionaba que abrazar la verdad, en muchas ocasiones, indirecta o directamente, implica renuncias o sacrificios. María termina en parte confundida y en parte entregada a lo que Dios quiera hacer con ella, no puedo ni imaginar en qué porcentaje. Pero, a su vez, con anhelo de descubrir si eso que ha vivido es real o no. Me imagino a Lucas interrogando a María, y preguntando: «¿Qué pensabas?», «¿Qué sentiste en ese momento?»,

«¿Y después de todo eso?», «¿Qué hiciste?». Ahí solo veo a la Madre decir: «Caminar, hijo, caminar». Porque eso fue lo que hizo María, seguir el movimiento.

La fe de María está en movimiento.

Eso es justo lo que hace el escritor, llevándonos desde la intimidad de una María pensativa hasta las calles del pueblo donde la nazarena camina decidida hacia la casa de su pariente Elisabet. ¿Qué ocurre cuando María ve a Elisabet? Pues que visualiza un «bombo» considerable que no estaba antes ahí. ¡En efecto, Elisabet está embarazada! Y como si de una conexión telepática divina se tratara, Elisabet, al mirar a María, se postra a sus pies reconociendo que lo que esta acaba de recibir supera cualquier cosa que ella pudiera siquiera imaginar. Con todo esto, María recibe una doble constatación de lo que ella entendía que Dios le había comunicado. Por un lado, la estéril Elisabet está milagrosamente embarazada, y, sin que ella se lo haya mencionado a nadie, la embarazada manifiesta saber lo que en María está ya ocurriendo, confirmándole todo lo que Dios le había dicho. En ese momento, como si estuviéramos en *The Greatest Showman*, Lucas lleva al lector al escenario en el que María realiza la famosa *performance* de «Magnificat», una de las grandes canciones de la tradición cristiana hasta la fecha.

> *Todo mi ser canta a Dios.*
> *Porque Dios se ha acercado.*
> *Porque la vida de Dios ha comenzado a vivir en mí.*

¡Qué maravilla! María se entrega completamente, sabiéndose la más afortunada de las mortales. Todo mi ser: con mi cuerpo, con mi mente, con lo que soy. ¡Bienvenido el precio que haya que pagar si el Dios del universo vive dentro de mí! Tremendo. Ojalá cobre conciencia. Dios quiera; y tú, yo y cada persona que abra y lea este libro queramos y podamos experimentar esto: lo trascendente se ha acercado y vive en mí.

Ratzinger reflexiona sobre esto diciendo: «Ningún otro sitio como el pesebre para percibir lo que Dios es [...] un dios con el que tratamos de tú a tú porque nos sale al encuentro como niño».[27] Pero sobre esta invitación al corazón pesebre, ya hablaremos más adelante. Ponlo en pausa.

Por último, y para cerrar este ejemplo que incluye tantas enseñanzas, déjame señalar una cosa que me parece esencial en la historia de María de Nazaret.

«Dios te ha concedido favor».

Esta es la frase que recibe María de Nazaret: «Dios te ha concedido favor». Nazaret es un lugar sin importancia. En el Antiguo Testamento, la Biblia judía, no se menciona esa ciudad ni una sola vez. El historiador judío más importante de la historia antigua, Flavio Josefo, tampoco la menciona ni una sola vez. Nazaret es un lugar absolutamente insignificante en Israel. Sería como esperar que un alemán en lugar de hablar de Mallorca o Barcelona mencionara los manjares de Albacete o Murcia (con todo el respeto).

---

27. Ratzinger, J., *La bendición de la Navidad: Meditaciones*, Barcelona, Heder, 2007.

Amigo, la vida plena no está reservada solo para las grandes celebridades que triunfan o para las personas de alta cuna que nacen con tremendos privilegios. La vida es para todo ser viviente. Dios ha concedido favor a todo lo que existe. Dios te ha concedido favor, el favor de la vida y el de la fe, no para que vivas en tinieblas, sino para que camines en la luz. Puede que sientas estas palabras como muy lejanas porque estés agotado con la rueda infinita, o que no pueden ser para ti porque crees que no tienes nada que aportar. Levántate y camina, Dios va a hacer nuevas cosas contigo.

—Para Dios no hay nada —ni nadie— imposible.

Nunca me imaginé este trabajo como un ensayo teológico-filosófico —hay muchas personas mejores que yo para eso—, sino como una suerte de viaje humano sincero hacia aquello que es más grande que lo que vemos y cuyo fin parece ser la esencia de todo lo que vemos.

Por eso quiero agradecerte, antes de empezar, tu humildad y valentía de seguir leyendo y tu fe en lo que estas palabras puedan generarte.

Por esta razón, no se me ocurre mejor manera de terminar este primer acto que con un rezo u oración. No importa que seas creyente, agnóstico/a o incluso ateo/a. Te invito a establecer un compromiso con la verdad, con la búsqueda, con el cambio, con el no conformarse, con lo humano y con lo que nos haga más y mejores humanos.

LA DUDA

Del mismo modo que tiene sentido vincular la fe y la verdad como conceptos, no podría no referirme a la duda por la misma razón. Y es que... ¿cuánta evidencia hace falta para creer en algo? ¿Cuántas evidencias son necesarias para cambiar de opinión? ¿Hay que dudar absolutamente de todo hasta hallar la última de las certezas? Por otro lado, vale la pena preguntarse: ¿se puede dudar de todo? ¿Puedo dudar hasta de mi existencia?

El escepticismo extremo —dudar de todo y todo el rato— es invivible, y la muerte de toda disciplina del saber. En el segundo capítulo de su libro *¿Hay filosofía en tu nevera?*, el filósofo y divulgador Enric F. Gel explora el origen del escepticismo y sus problemas. Nos dice que se comienza a ver atisbos de este escepticismo extremo ya en algunos sofistas como Gorgias Leontinos (460-380 a. C.), aunque será Pirrón de Elis (360-270 a. C.) el bautizado como fundador del escepticismo. Con este acercamiento a la realidad se extinguen las certezas, porque toda verdad muere a manos de la duda.

En este contexto de incertidumbre, desesperanza y neblina mental —como Gandalf en el Abismo de Helm—, René Descartes (1596-1650) ideó una estrategia para derrocar al escepticismo con sus propias armas: dudar de todo lo que pudiera ser puesto en duda, con el fin de dar muerte a la duda misma. ¿Logró René salir airoso de esta batalla? El francés falleció con aparente tranquilidad y con su «espada» filosófica limpita tras creer haber vencido al escepticismo. Sin embargo, no fue así. Como explica Enric, aunque Descartes afirmó dudar de todo, en realidad no lo hizo.

La primera cosa de la que no dudó fue de su memoria. Puestos a dudar, ¿estás seguro de que antes del párrafo anterior leíste el que comienza con «El escepticismo extremo»? ¿Qué garantiza que tus recuerdos son fiables? Si debemos dudar incluso de nuestros propios recuerdos, ¿qué nos espera sino la estela de una mancha infinita?

La segunda cosa de la que no dudó fue de su razón. Normal, también te digo. ¿Cómo voy a razonar sin confiar en mi capacidad de razonar? Para razonar, debemos aceptar primeramente que esto es posible. *De lo contario, no habrá razón alguna por la que razonar sobre nada.*

El filósofo termina con esta reflexión sobre la duda y la filosofía:

> La duda es, pues, una de las herramientas del filósofo, pero no el motor ni el centro de su actividad. Por esto es falso lo que a veces se dice, que la filosofía consiste en dudar de todo».[28]

---

28. Gel, E. F., *¿Hay filosofía en tu nevera?*, Montena, Barcelona, 2023, p. 50.

La forma más segura de evitar errores es el inmovilismo. Quien no actúa no se equivoca. Quien no arriesga no pierde. Quien no ama se ahorra ese arañazo sutil y certero al alma. Pero conviene recordar que incluso la inacción tiene consecuencias.

Si quieres evitar errores, no aceptes nada.

Si quieres conocer la verdad, vive.

El dogmatismo y el escepticismo extremo son dos caminos en apariencia opuestos, pero con el mismo desenlace para el que los transita: la muerte del saber, la suspensión del juicio y la atadura del alma. Tan sabio y valiente es dudar como saber aquello sobre lo que no hay que titubear. La ciencia crece y se desarrolla en esta verdad. Duda de todo menos de su propia existencia. Cuestiona todo salvo las verdades fundamentales sobre las que seguir caminando, su propia conciencia. ¿Qué es necesario y suficiente para creer? ¿Cuánta evidencia es necesaria para abrazar una creencia? ¿Tengo que ser capaz de falsear una idea para abrazar la alternativa? ¿Hasta dónde lleno la evidencia para tener fe? ¿Hasta dónde para confiar?

Sé que al terminar el libro tendrás una imagen mayor para esta pregunta. Por ahora, ten fe.

Conclusión

La fe no se puede forzar ni encajar en moldes cómodos y conocidos. No se trata de una creencia ciega ni de una solución rápida ante la incertidumbre, sino de un camino hacia lo profundamente desconocido, hacia el Misterio. Es un viaje en el que eliges cuestionar y caminar, dudar y creer, pensar y sentir, confiar y vivir.

La fe, sin duda, es el desafío constante de decidir confiar en lo que habita en ti y más allá de ti. Es un acto de apertura humilde. La fe es vivir con esperanza cuando el cielo parece cerrarse, y abrazar, una y otra vez, lo que no puedes controlar, pero que, sin embargo, transforma tu realidad de manera real y plena.

«Ella dijo que el misterio de la vida
no es un problema que resolver,
sino una realidad que experimentar».

FRANK HERBERT, en *Dune*

PARTE II

EL MISTERIO

Llegados a este punto, en el que tu compromiso con la verdad se encuentra por encima incluso de ti mismo, me atrevo a afirmar que no habría mejores aguas que estas para navegar el corpus de las dos partes que quedan por delante: «El Misterio» y «El Camino». Aquí te acercarás de forma más racional e intuitiva a las evidencias y razones que han llevado históricamente a tantas personas a creer en la existencia de la trascendencia, el Misterio.

En uno de mis viajes de trabajo por las islas Canarias, terminé en una entrevista muy improvisada para Onda Fuerteventura con Fran, un locutor encantador. Hablamos de varias de las cosas que había estado haciendo en el archipiélago y, como era de esperar, acabamos charlando sobre Dios. Me sorprendió la manera en la que Fran introdujo una de las preguntas: «La religión es una construcción hecha para justificar la existencia, los acontecimientos naturales que vemos, así como lo era antiguamente para los griegos o los romanos que tenían esos dioses y eran simplemente fábulas para explicar las cosas que no entendíamos. En tu pensamiento, en tu forma de verlo, ¿no es eso lo que es hoy en día la religión?». Brillante. En una frase sencilla, el presentador consiguió resumir la que creo que es la concepción más extendida que la gente tiene sobre Dios.

«Puede ser que para alguna gente lo sea —le respondí a Fran—: lo que llamamos comúnmente "el Dios tapaagujeros"».[29] Cuando hay cosas que no entiendo porque escapan a mi conocimiento del mundo, ahí coloco a Dios. En otras palabras, en cada hueco o agujero de mi comprensión de la realidad hago uso de la carta mágica, uso el comodín de Dios para explicarlo.

Piensa en esto: vuelves de hablar con tu hermano y pasas un momento a tu tienda para beber agua. Para tu sorpresa, al salir, ves que todo el campamento está en silencio observando el firmamento. Miras al cielo y algo está pasando porque no luce como siempre. Todo está oscuro. La luz y la claridad del día han desaparecido. Una especie de halo blanco resplandece con un negro en su interior que lo absorbe todo a su paso. «¿Qué es eso?», piensas. «Esto es obra de los dioses. Quieren decirnos algo», afirmo yo. ¿Qué acaba de ocurrir? Ha sido un salto instantáneo a otro tiempo y lugar. Has mirado al cielo y no has entendido lo que estaba ocurriendo, puede que incluso te haya perturbado; a mí me asustó un poco y hablé precipitadamente. «Tiene que haber sido Dios». Mmm, pero no entiendo esto: agujero identificado. Solución: pongo a Dios.

---

29. «Dios de los huecos» o «Dios tapaagujeros» (*God of the gaps*, en inglés).

Dios ha venido a tapar el agujero de nuestro entendimiento. No entiendo los rayos, me invento a Zeus.

Esta concepción, por supuesto, es muy problemática por varias razones.

En primer lugar, si a Dios (o a los dioses) se lo definiera como algo que simplemente sirve para explicar las cosas naturales que hoy no entiendo, ese Dios sería muy pequeño y estaría condenado a desaparecer. Conforme avanzara el conocimiento humano y científico, ese Dios se haría cada vez más diminuto esperando su propia muerte. Al haberlo reducido a algo meramente provisional y temporal, en última instancia, lo que se espera es la eliminación de Dios de todos los sitios. Hoy no necesito a Dios ni a los dioses porque sé que ese halo de luz blanca que tanto miedo me daba no es más que el satélite de la Tierra, la Luna, bloqueando totalmente la luz del Sol y generando esa sombra negra que veo y ese halo de luz que lo rodea. No son los dioses, sino un eclipse solar total. He terminado con Dios y con los dioses. Los usé para tapar huecos, pero esos agujeros ya no existen más.

En segundo lugar, la confianza o certeza que se deposita en este Dios es muy débil. ¿Sobre qué descansa esta fe? Sobre la ignorancia científica. En otras palabras, su supervivencia la marca una laguna científica, mientras que su muerte viene con el avance y el nuevo descubrimiento.

Por último, el portador de este tipo de fe está condenado a la guerra, tarde o temprano. Para algunos, esto está siendo un problema hoy, porque si tu Dios pende sobre la laguna científica, ¿qué será el descubrimiento científico para ti? Exacto. Una amenaza. Y cuando el avance científico llame a tu puerta tendrás que elegir entre «tu Dios» y la ciencia. Es decir, con este tipo de «Dios tapaagujeros» el conflicto entre ciencia y fe, ciencia-religión o ciencia-Dios, está prácticamente asegurado.

Los padres de la ciencia moderna y los científicos creyentes más reconocidos hoy en día, por dar un ejemplo, no han sufrido ningún tipo de conflicto al comprender que Dios está bastante lejos de ser un parche que poner sobre aquello que desconocen. Más bien, todo lo contrario, puesto que para ellos era y es este mismo Dios el motor que impulsaba e impulsa su curiosidad y descubrimiento.

> Yo estaba pensando en la forma en que Dios creó el mundo, y traté de encontrar el plan racional según el cual Él lo había hecho.[30]
>
> **JOHANNES KEPLER**

Mientras que las culturas sumerias, egipcias y babilonias de Oriente Próximo concebían a los dioses como entidades materiales, en tanto en cuanto eran seres formados por la masa y energía del propio universo, el planteamiento de las religiones monoteístas abrahámicas o de la mayoría de las formas de entender a Brahmán desde el hinduismo es muy distinto. Si el mito babilónico o cananeo, el «Enuma Elish», narra el naci-

---

30. Kepler, J., *Harmonices mundi*, 1619.

miento de sus dioses a partir del cadáver de Tiamat, monstruo del caos, a manos de Marduk; el hebreo rompe el silencio con el susurro creador de Dios («En el principio creó Dios los cielos y la tierra»).[31] Este Dios es el creador de todo lo que existe. Lo que el ser humano entiende y lo que no. Lo que se conoce y lo que aún no. Lo que tiene respuesta y lo que nunca la tendrá. Aquello material y comprobable en un laboratorio, y lo otro que trasciende la materialidad del mundo.

Como imaginas, en este libro no hablo de Dios como un recurso pequeño que viene a parchear las preguntas científicas todavía por resolver. El Misterio del que llevo unas páginas hablando es bastante más grande, trascendente, atractivo y digno de alabanza. Aun así, cuando la gente oye la palabra «Dios», aquello que brota en su cabeza como por arte de magia a veces dista mucho de las concepciones del Dios de los filósofos o teólogos más académicos.

¿Qué piensas tú cuando escuchas la palabra «Dios»? ¿Qué viene a tu cabeza? ¿Qué imágenes brotan? De manera más personal, ¿qué sientes? Más íntimo, ¿cómo te sientes cuando se habla de Dios? Estoy lejos de juzgar cualquiera de tus reacciones o emociones. Cada uno somos hijos de nuestra madre y de nuestra historia. Créeme cuando te digo que el hecho de que yo hoy esté hablando sobre el Misterio es algo que solo Dios podría haber hecho posible. Responder a estas preguntas que formulo es importante en este viaje rumbo al Misterio de Dios. Es relevante porque, de lo contrario, podrías cometer un

31. Génesis 1, 1.

error en el que he caído mil veces: reducir ideas a constructos racionales, olvidando los miles de conexiones emocionales que ellas tienen dentro de ti y que, a su vez, laten en esos constructos. Déjame ponerte un ejemplo. Se ha escrito bastante, aunque todavía quede mucho trabajo por hacer, sobre la repercusión que tiene la aceptación, asimilación e interiorización de la palabra «Padre» en la espiritualidad de muchas personas —si bien el uso de la metáfora de Dios como padre es muy habitual, pues se halla en la oración por excelencia del cristianismo, el padrenuestro—. No obstante, ante la experiencia de muchas personas con padres ausentes o abusivos, se reportan dificultades a la hora de asumir profundamente esta realidad de Dios como «padre» en su espiritualidad. De forma racional el concepto se entiende, pero ocurren más cosas. No les falta estudio sobre el tema o conocimiento del hebreo o del griego clásico. Es algo más profundo que eso. No podemos reducir el impacto de las palabras o ideas solo a un terreno racional. Las palabras crean realidades y estas realidades son complejas.

Dicho de otro modo, tomarte un tiempo para escuchar la palabra «Dios» dentro de ti analizando tus pensamientos, emociones, sensaciones, intuiciones y recuerdos es importante. Date un tiempo para hacerlo.

No hay prisa.

No tengas miedo de cerrar los ojos. Toma aire profundamente por la nariz, llena el diafragma y déjalo salir con lentitud por la boca.

DIOS.

Dios.
dios.
Gracias por la fe que hasta ahora has puesto en mí.
Me siento muy honrado.

«Josué, ¿dónde están tus evidencias?».

En abril de 2024 formé parte de un nuevo debate que se celebró en el Círculo de Bellas Artes de Madrid. Como suele decirse, uno al año no hace daño. En un momento de la discusión, como vengo anunciando, afirmé que la fe tiene que estar construida sobre evidencias y no puede ser un salto irracional al vacío. El editor y activista Servando Rocha respondió efusivamente y me preguntó qué evidencias tenía, dónde estaban las evidencias. No tuve casi oportunidad de contestar, sobre todo porque su rol en ese debate era el de moderar, por mucho que probablemente le habría encantado debatir y a mí haber podido dialogar con él, porque sé que hubiéramos compartido un buen rato, quizá tomándonos un café.

Gracias al Misterio o a las sincronías, este libro me permite tener más espacio y tiempo del que gocé en ese momento y puedo navegar por el tema sin la presión del reloj y con las ganas que se merece. ¿Qué evidencias existen? ¿Cuáles son las razones que sostienen mi creencia?

Antes de comenzar a escribir esta parte pensé en hacerlo de una manera sistemática tratando cada uno de los argumentos a favor de la trascendencia o de la existencia de Dios, exponiendo sus puntos fuertes y respondiendo a las objeciones más frecuentes. Pronto vi que no era buena idea. Hacerlo así sería, por una parte, aburrido y, por otra, poco atractivo para mí mismo, ya que pienso que hay personas mejor preparadas para realizar ese trabajo más sistemático-analítico.[32] En medio de la reflexión surgió en mí la ilusión de sobrevolar de forma sencilla parte de la historia en busca de la lógica que llevó a las grandes mentes humanas a creer en la existencia de lo divino o trascendente. La idea me encantó. ¿Qué pensaban acerca de la trascendencia o lo divino las personas que más influenciaron el pensamiento humano? ¿Eran la mayoría de ellas antirreligiosas o de algún modo ateas? ¿Qué pensaban los clásicos griegos y romanos? ¿Qué hay de los pensadores medievales? ¿Y los filósofos de lo que hoy es España en tiempos de Al-Ándalus? ¿Y las místicas? Hemos visto algo de los padres de la ciencia moderna y su fe, pero ¿qué hay del resto de los filósofos de su tiempo? ¿Qué hay de los pensadores europeos anteriores al siglo XX? ¿Incluso de los actuales?

Las razones no lo son todo, pero, como decía en la introducción, la verdad es importante, y las razones y los argumentos son parte de ella. Son, al menos, un ancla para sostener esa búsqueda y ese hallazgo simultáneo que nos aproximan a lo divino. ¿En qué tipo de realidad vivimos? ¿Tiene sentido creer que existe algo más? ¿Tiene sentido tener confianza en Dios? ¿Hace falta más fe para ser creyente o para ser ateo? Con suerte, algo diremos de cada una de ellas.

---

32. Si estás buscando libros que hagan esa búsqueda más analítica o filosófica, te recomiendo: Feser, E., *Cinco pruebas de la existencia de Dios*; o Rasmussen, J., *Cómo la razón puede llevar a Dios*.

Te confieso que, en este largo recorrido por las creencias de estos personajes tan destacados, yo mismo me he sorprendido al ver que hay como un hilo misterioso psicoespiritual que parece unirlos a todos. Como decía, antes de navegar de manera más tangible por la práctica espiritual, quiero recorrer contigo de forma resumida las razones que llevaron a algunas de las mentes más brillantes de la historia a creer en la existencia del Misterio, en algo trascendente. Puede que te sorprendan algunos nombres que recuerdes de tus años de secundaria o de tus clases de filosofía o ciencias. Quizá llame tu atención aún más ver que algunas de las razones que llevaron a ciertas personas, en una parte del mundo, a reflexionar así varios siglos antes de Cristo siguen reclamando la atención de otros en la cara opuesta del globo. Eso es algo fascinante.

Algunas de estas razones surgieron de la observación de las realidades más cotidianas de la vida, de la contemplación de los astros celestes, de la meditación sobre la vida plena o la felicidad, de la discusión de la ética o moral del ser humano, o, incluso, del asombro que despierta la experiencia y transformación religiosa de tantos millones de personas alrededor del mundo. Prepárate, porque vas a sumergirte conmigo en la vida y el pensamiento de personas sumamente especiales y, ¿por qué no decirlo?, peculiares también. Como en un sueño o una increíble película, serás teletransportado de una plaza a un escritorio y, de allí, a la mente de personajes a los que estás visitando; pausaremos, aceleraremos, moveremos las cámaras o incluso haremos zoom para que no te pierdas ningún plano del Misterio.

EL MISTERIO A LO LARGO DE LOS SIGLOS

> Quizá la historia universal es la historia de la diversa entonación de algunas metáforas.[33]
>
> **J. L. BORGES**

Estás a punto de embarcarte en un viaje fascinante a través de las vidas y los pensamientos de algunos de los grandes pensadores de la historia. Como si te sumergieras en un sueño, serás transportado a distintos momentos y lugares, explorando las mentes de quienes reflexionaron sobre el Misterio. Cada parada en este recorrido te permitirá entender sus visiones, dudas y certezas, como si pudieras contemplar el mundo desde sus propios ojos. Adelante, comencemos el viaje.

Un maestro ateniense medita profundamente sobre la naturaleza del universo, en la antesala de la que será una de sus últimas obras. Las cosas materiales cambian y son imperfectas. ¿Cómo puede el ser humano conocer

---

33. Borges, J. L., *Nueva antología personal*, Bruguera, Madrid, 1980, p. 201.

la realidad entonces? No puede hacerlo. A no ser que... a no ser que exista otra dimensión. Una que no cambie, una que no contenga error alguno —«el mundo de las Ideas o Formas», la terminaría llamando—. Si esta dimensión perfecta existe, entonces puedo conocer la realidad.

Mientras perseguía esa idea, sus ojos descansaban en el firmamento, lleno de estrellas esa noche. Varias cosas llamaron poderosamente su atención. «¡No puede ser fruto del azar! —debió de pensar—. Que toda esta complejidad, belleza e inteligencia sean fruto de algo ridículamente insignificante, poco bello y sin inteligencia es contraintuitivo. Siempre que se observa orden y armonía, hay inteligencia creadora detrás... No prestaría atención si alguien me dijera que esta escultura de mármol que tengo enfrente se hizo sola por obra de un terremoto o un huracán. Lo más lógico al observar el universo es afirmar que depende de otra cosa más grande que él mismo, que la belleza e inteligencia que se manifiestan no son sino el reflejo de algo trascendente de mayor poder y belleza... Esto es obra del Demiurgo». (Tremendo nombre, ¿verdad?). «¿Quién es el Demiurgo? —se preguntó a sí mismo—. El creador —se contestó con rapidez—, el que contempló la naturaleza, que era un caos, y creó el universo de acuerdo con el modelo que tenía en su mente».[34] Él es la mente suprema detrás del universo que «decidió conformar el mundo visible de la mejor manera posible, buscando así que todo sea lo más semejante a él, que es el Bien».[35]

---

34. Platón, *Timeo*, 29a.
35. *Ibid.*, 29d-30a.

«Hay personas que erróneamente piensan que hablo de una especie de ingeniero cósmico, pero se equivocan. Mi Demiurgo no es un ingeniero, es más bien un artista cósmico, el Artista, quiero decir, que traza el universo con delicadeza y pasión hasta el punto de transferirle el Bien que vive dentro de él», dijo tal vez.

Para **Platón** (427-347 a. C.) es obvio que existe una dimensión espiritual trascendente más perfecta y completa que la dimensión física. Los conceptos absolutos que tanto necesitan los seres humanos para vivir, como la verdad, el bien y la justicia, deben habitar allí. Además, el orden y belleza del universo le parecen una clara razón para creer en la existencia de algo más, de algo superior. De hecho, es ahí donde propone a «el Demiurgo», una inteligencia llena de bondad que razona y forma el mundo (no es poca cosa).

¿Qué piensas de estas primeras observaciones de Platón? Siempre me fascinó que personas como él, tantos siglos atrás, llegaran a este tipo de conclusiones observando y meditando en el mundo que los rodeaba. Una parte de mí se inclina a pensar que la existencia de alguien como Platón es una evidencia de la existencia de algo trascendente, del Misterio. Hay conclusiones acerca del más allá que no creo que puedan ser descubiertas si no es a través de la propia iluminación divina.

Anteriormente Platón había presenciado un debate en la Academia donde varios alumnos discutían sobre la naturaleza de Dios y la capacidad del hombre para conocer. «¿Se puede conocer lo Bueno?», «¿Se puede conocer a Dios?», se preguntaban. Unos decían que no se podía saber nada; otros dudaban cuánto. Después de pensarlo un rato, se sentó y escribió su famosa alegoría sobre la caverna para ilustrarles lo inaccesible que es conocer el Bien en plenitud pero que, sin duda, podemos acercarnos lo suficiente como para vislumbrar su grandeza y existencia.[36] Es decir, el ser humano como ser espiritual no puede comprender lo que es completamente trascendente, pero mirando más allá de lo que ve con sus ojos puede percibirlo.

Mirar más allá de lo que ven tus ojos.

Mirar más allá para ver lo que trasciende.

Profundo, ¿verdad? Por algo es una de las pocas cosas que se recuerdan de filosofía después de salir del instituto. El misterio, lo trascendente, es inabarcable para un ser humano finito y limitado, pero su existencia resulta perceptible. De alguna manera, aunque no lo entienda por completo, el ser humano puede conectar con ello.

No sé si cuando eras más joven te gustaba jugar en la orilla del mar. Siempre que voy a la playa me complace ver a los niños despreocupados jugar con la arena. Los niños no entienden el mar. De hecho, no pueden ni experimentarlo del todo al no saber nadar. Sin embargo, ¿no es su experiencia con el mar absolutamente real y extraordinaria? No necesitan comprenderlo para experimentarlo. Algo parecido a lo que les pasa a los niños con el mar le ocurre al ser humano con Dios: no pueden comprenderlo, pero sus aguas bañan todo su cuerpo y traen vida eterna. Yo cada día me siento más como estos niños a las orillas del mar divino.

---

36. Platón, *La República*, 514a-520a.

Dios es el mar y yo probablemente todavía sigo jugando en la orilla.

Era un día muy cálido en la antigua ciudad de Estagira, y un joven curioso paseaba contemplando la naturaleza. No era consciente aún de que sus ideas vivirían mucho más tiempo que él. Observaba embelesado el sonido del viento y cómo las hojas de los olivos se agitaban suavemente con la brisa. Como siempre, fascinado por la naturaleza del movimiento, susurraba: «¿Qué hace que las cosas se muevan?». Al día siguiente, sentado en el exterior del mercado, vio como los mercaderes discutían y se movían de un lado a otro cargando y descargando mercancías. «Todo movimiento tiene un principio», se dijo—. La mano del mercader que empuja el carro, el viento que mueve las hojas, el agua que baja del manantial... ¿Qué mueve todas las cosas?». Esa pregunta lo acompañó durante muchos años. Tiempo más tarde, y después de haber creado su propia escuela, el Liceo, algo nuevo despertó en el filósofo al observar un conjunto de engranajes fabricado por uno de los nuevos estudiantes. Cada uno de los engranajes era movido por el anterior, y así ¿hasta cuándo? Hasta el primero de todos, que debía recibir el movimiento de algo externo, tenía que ser empujado inicialmente para activar el mecanismo. Del mismo modo, todo lo que observaba en el mundo se movía y su movimiento era consecuencia de otra cosa, pero ¿hasta dónde podía rebobinar en el movimiento? «Todo lo que se mueve es movido por otro, pero no puede continuar indefinidamente, por lo que debe haber un primer motor, que es no movido», afirmó esta vez en voz alta. Este primer motor del universo debía de ser eterno, inmaterial e inmutable, ya que era el responsable de iniciar todo el mecanismo espaciotemporal.[37]

Así es como el discípulo de Platón, **Aristóteles** (384-322 a. C.), enunciaba su famoso argumento del primer motor o motor inmóvil. Para el filósofo, la observación del cambio al que está sujeto todo lo que existe, incluyendo el propio universo, necesitaba de la existencia de algo que no cambiara, algo que pudiera sostener el desarrollo y el cambio del resto de las cosas. Por esta razón, Aristóteles tenía confianza en el motor del Misterio. De manera similar, observó como las semillas tenían la capacidad de convertirse en árboles, o los niños de convertirse en adultos. Esta actualización (así la llamaba) no era trivial. Este paso de semilla a árbol y de niño a adulto (el paso de potencia a acto) no se puede producir solo, sino que necesita de un actualizador. En sus palabras: «Es preciso que haya un principio tal que su sustancia sea acto»,[38] que no tenga nada que actualizar para llevar el cambio a cabo. Así, y desde otro ángulo, pero con un resultado similar, el griego confirmó de nuevo la necesidad del ser humano de creer en la existencia de un actualizador divino.

Últimamente, he estado preocupado con la idea de comprarme una vivienda y he reflexionado mucho sobre qué cosas son las esenciales. La lista de cosas que con-

---

37. Aristóteles, *Metafísica*, Libro XII, 7, 1072a y 8, 1073a.
38. *Ibid.*, Libro XII, 6, 1071b20.

siderar es grande: entretenimiento, desarrollo personal, dinero, sexo, familia, trabajo, amigos, propiedades... Durante el proceso, Aristóteles ha sido claro conmigo: todas estas cosas son importantes y buenas, pero ninguna podrá proporcionarme lo que realmente anhelo. La plenitud o la felicidad verdadera (él la llama *eudaimonia*) no está en el desarrollo o adquisición de ninguna de esas cosas, sino en encontrar tu propósito último (el *ergon* en griego), el bien más perfecto. «La naturaleza no hace nada en vano»,[39] todas las cosas están dirigidas hacia un fin, y la plenitud se encuentra en la consecución de dicho fin. Un cuchillo no es cuchillo por ser rojo o blanco, sino por cortar. El ser humano no es más ser humano por tener dos o tres casas, sino por ser verdaderamente él mismo, en la mejor de sus vidas posibles: la virtuosa.

En uno de mis libros favoritos, *Ética a Nicómaco*, el estagirita dice que el hombre tiene en sí mismo un principio que tiende a la verdad y que, al conocer lo que necesita, puede aproximarse a lo divino.[40]

¿Cuál es el propósito de la vida? Todos sabemos que la aspiración del ser humano no está en la adquisición de cosas o en el disfrute máximo de los placeres, aunque no dejemos de acudir a ello en busca de lo que de antemano sabemos que no pueden darnos. Estoy seguro de que tú también has tenido momentos de lucidez en los que has visto con claridad qué es lo imprescindible para estar bien y has comprendido que todo lo demás es accesorio. Esas

39. Aristóteles, *Política*, I, 1253a10.
40. Aristóteles, *Ética a Nicómaco*, VI.

certezas son valiosísimas, pero suelen quedar enterradas en el trasiego de los días, en el estrés, en los problemas que surgen y en un sinfín de preocupaciones inmediatas o urgentes (y no siempre importantes).

Te invito, al igual que lo harán los pensadores que podrás descubrir o redescubrir en las próximas páginas, a que la introspección sea tu guía, para que, en ella, descubras tu propósito.

Por eso, me pregunto: ¿por qué buscar más? ¿Por qué no conformarnos con vivir vidas sin propósito? ¿Por qué preocuparnos con esto? ¿Por qué sufrir por no vivir vidas con sentido? Quizá porque fuimos creados para el Bien, como decía Platón, o, quizá, porque nuestro propósito está en acercarnos a lo divino, como declara Aristóteles. Si fuera así se entendería por qué, cuando haces el bien, aun sufriendo, sabes que hiciste lo correcto y te sientes orgulloso de ello.

Varios siglos antes de que Aristóteles naciera, el rey Salomón (siglo x a. C.) escribió esto al meditar sobre la naturaleza humana: «Dios hizo todo hermoso para el momento apropiado. Él sembró la eternidad en el corazón humano».[41]

Querido, no es raro que sufras al no tener propósito, porque fuiste creado para ello.

Me alegra saber que no dejarás de buscar. En tu corazón hay una semilla eterna plantada y con ansias de brotar, crecer y florecer en gran manera.

41. Eclesiastés 3, 11.

Sigamos.

«Cuando ves una gran mansión, no puedes imaginar que ha sido construida por ratones y comadrejas, sino que ha sido creada por un arquitecto. Entonces ¿no es más probable que un mundo al que nada le falta para la totalidad y la belleza haya sido proyectado por mentes divinas?». Después de tomar aire profundamente, continuó: «¿Qué puede ser tan claro y evidente, cuando alzamos los ojos al cielo y contemplamos los cuerpos celestes, como que existe algún poder divino de inteligencia suprema por la que están gobernados?».[42]

Esto escribía **Cicerón** (106-43 a. C.), filósofo, orador y político romano, en su obra *De natura deorum*[43] al contemplar el orden, la armonía y complejidad del universo. Es difícil añadir algo a un texto con tanta belleza y, a su vez, franqueza. Esta es una de esas sensaciones de trascendencia tan referenciadas y descritas a lo largo de la historia. Algo parecido entonaba el rey David (1040-970 a. C.) en uno de sus salmos: «Los cielos cuentan la gloria de Dios, el firmamento la obra de sus manos».[44]

Sin duda, para ambos, el firmamento, el cielo, el universo eran una razón en sí misma para creer en Dios.

El biólogo Charles Darwin (1809-1882) parecía sentirse más confundido que Cicerón con la idea de Dios, pero no dejaba de expresar su admiración cuando observaba el universo: «De ninguna manera puedo sentirme satisfecho al contemplar este maravilloso universo, y especialmente

---

42. Cicerón, *De natura deorum*, 1.3.8.
43. En español: *Sobre la naturaleza de los dioses*.
44. Salmos 19, 1.

la naturaleza del hombre, y concluir que todo es el resultado de una fuerza bruta. Me inclino a pensar que todo resulta de leyes diseñadas, dejando los detalles, sean buenos o malos, al funcionamiento de lo que podríamos llamar azar. No es que esta idea me satisfaga en absoluto. Siento profundamente que todo este tema es demasiado profundo para el intelecto humano».[45]

Como amante de la historia humana, Cicerón revisaba los escritos de diferentes pueblos, sus tradiciones y sus costumbres. Pero algo lo sorprendía de manera especial: «En ningún lugar se encuentran pueblos tan bárbaros que no crean en los dioses, a pesar de que tienen naturalezas deformadas, ya que todos poseen alguna clase de intuición de los dioses». En todo tiempo y lugar, hay esta predisposición y vinculación con lo divino, «esta convicción entre todos los hombres es natural».[46]

¿Qué piensas de esta realidad tan humana? ¿En qué contexto sería más esperable? Si Dios existiera, ¿no sería lo más presumible que los humanos fueran religiosos por naturaleza? Encontramos esta realidad: una predisposición aparentemente innata hacia lo divino, una clara resonancia con Dios, una pulsión constante de acercarnos al Misterio. Quizá alguien piense que la variedad de expresiones religiosas en la historia sería más bien prueba de lo contrario. Pero ¿es buena esa lógica? Yo no estoy muy seguro. Si hay una melodía universal de gran

---

45. Traducción de la carta de Charles Darwin a Asa Gray, en Correspondence Project, «Letter n.° 2.814», consultado el 6 de diciembre de 2024, https://www.darwinproject.ac.uk/letter/?docId=letters/DCP-LETT-2814.xml.
46. Cicerón, *De natura deorum*, 1.3.8.

belleza y complejidad, la música de Dios, que suena en lo más profundo del ser humano finito, ¿no deberíamos esperar que la recepción de dicha música del infinito se expresara de mil y una formas por los seres humanos, dando lugar a una infinidad de escalas y tonalidades? La creencia en los dioses es universal y, como consecuencia, para Cicerón la evidencia de una verdad universal subyacente.

La cámara gira y, de ver a un politeísta romano, ahora enfoca su lente sobre un judío en la ciudad de Alejandría. Al igual que Cicerón, se encuentra mirando el firmamento y su imaginación se apodera de él. Está viviendo en primera persona una actuación divina del Sol, la Luna, los astros... Cada uno de los cuerpos celestes se mueve «según los modos de la música perfecta, siguiendo el amor por la sabiduría que guía sus pasos», en un orden armónico, una danza ordenada, dictada por el gran director de todo el universo (*aka*, el Misterio) que presenta un espectáculo absolutamente inigualable.[47]

El filósofo judío **Filón de Alejandría** (20 a. C.-45 d. C.) no será el último que hable del universo como una gran armonía o danza cósmica dirigida por Dios. Para Filón, Dios, por definición, no podía ser captado por los sentidos ni descrito de forma adecuada con el lenguaje humano. Aun así, había ciertas realidades observables sin las cuales

47. Filón de Alejandría, *De opificio mundi*, 70.

podíamos inferir cosas. ¿Por qué existo? Por mis padres, sí. ¿Y qué? Curiosamente, todo lo que veo es contingente, es decir, podría no haber existido. Sin duda, mis padres, tú, yo, podríamos no haber existido y el Universo seguiría existiendo. La existencia humana depende de otra cosa. Ahí es donde la pregunta ancestral hace eco en mis entrañas: ¿por qué hay algo en lugar de nada? Filón, sonriendo, dice que algo o alguien, cuya existencia no dependa de otro, debe de existir: un ser absolutamente necesario de quien dependa la existencia de todo lo demás.[48]

Ahora sonrío yo porque esta idea me retrotrae a uno de los textos más evocadores del Éxodo: la conversación de Moisés (alrededor del siglo XIII a. C) con Dios antes de volver a Egipto. Moisés está preocupado por la respuesta que le dará a la gente cuando quieran saber de parte de quién viene y le pregunta a Dios por su nombre. «¿Cómo te llamas?». La respuesta de Dios: «Yo soy el que Soy».[49] Moisés se quedaría perplejo. Muchos siglos necesitábamos para seguir meditando y desgranando el Misterio. «Yo soy el que Soy», «Yo soy el único que Soy porque el resto habéis sido hechos, el único que Es soy yo, y os doy existencia a los demás». Por eso Santo Tomás decía que afirmar «Dios existe» era un error porque Dios no existe.[50] El que existe soy yo, «Yo existo», mas «Dios es». La esencia de Dios es la existencia.

---

48. Filón, *De Opificio Mundi*, 32.
49. Éxodo 3:14.
50. «Debemos llegar a un ser que tiene en sí mismo la razón de su existencia». Tomás de Aquino, *Suma Teológica*, I, q. 2, a.3.

Uno de los exponentes más importantes de este argumento en la actualidad es el filósofo Alvin Plantinga (1932), quien lo explora de la siguiente manera:

«Una buena explicación tendría que apelar a un ser no podría no existir y que, a diferencia de los números, proposiciones, conjuntos, propiedades y otros seres abstractos necesarios, puedan explicar la existencia de seres contingentes (por ejemplo, siendo capaz de crearlos). «El único candidato viable para este puesto parece ser Dios, concebido [...] como un ser necesario, pero también como un ser concreto, capaz de actividad causal».[51]

Antes de volver a saltar unos siglos, la cámara presenta al último personaje. ¿Cómo no? También está mirando al cielo. Con denuedo predica que no es posible no ver a Dios cuando se contemplan los cielos; es evidente que hay un dios, y también que este es el creador del mundo.[52]

Estás viendo a **Justino Mártir** (100-165), apologista cristiano del siglo segundo, nacido en Flavia Neapolis (actualmente Nablus, Cisjordania) y criado en el pensamiento griego. Justino fue un intrépido buscador de la verdad que encontró la respuesta a sus grandes interrogantes en el misterioso Jesús de Nazaret.

Como has podido observar en Cicerón, Filón y Justino, se dan diferentes estilos, distintas religiones, pero

---

51. Plantinga A., Appendix: «Two Dozen (or so) Theistic Arguments», en D. P. Baker, ed., *Alvin Plantinga. Contemporary Philosophy in Focus*, Cambridge University Press, 2007, p. 217.
52. Justino, *Diálogo con Trifón*, cap. 3.

las conclusiones son similares al observar la naturaleza con atención. La experiencia de los seres humanos con la naturaleza nos conecta con eso que es más grande que nosotros. ¿Has tenido tú también esa sensación alguna vez? ¿Has tenido experiencias en la naturaleza donde sentías que conectabas con lo divino? ¿Tal vez ese asombro o sobrecogimiento divino al contemplar el amanecer, subir una montaña, incluso al observar algo minúsculo? Tristemente, tengo la sensación de que pasamos demasiado tiempo en burbujas creadas por nosotros mismos, demasiado tiempo observando solamente las obras de los humanos, dejándonos asombrar muy poco por las obras de la siempre magna naturaleza, que bien podríamos considerarlas las del propio Misterio.

Hace poco viajé a Jordania con Paula, mi mujer. Fue uno de los mejores viajes que he hecho en mi vida, sin duda. De manera providencial con la mediación de nuestro guía especial, Isaac (tío de Paula), visitamos Petra y, al día siguiente, nos dirigimos al desierto de Wadi Rum. Petra es impresionante, una obra faraónica con unas seiscientas tumbas esculpidas en la misma piedra de la montaña. Te llenas de asombro e incluso de un poco de orgullo por pertenecer a esta tremenda raza humana, capaz de tallar una ciudad cuatro siglos antes de Cristo y que aún se mantiene intacta. Sin embargo, lo que venía después no podía imaginarlo. El desierto fue otra historia. Si en Petra observé la maravillosa obra de los nabateos en la cara de una montaña, la idea de que el desierto era la obra de Dios me invadió por completo. Una obra de kilómetros y kilómetros de arena de colores rojos, amarillos y blancos, con rocas infinitas a través de las cuales los rayos del sol parecían hacer el amor.

No solo la vasta belleza de la naturaleza ha inspirado a muchas personas a entregarse al Misterio, sino también la grandeza de la fe humana, que literalmente parece no temer el hecho de, incluso, entregar su vida por amor a él. Como consecuencia del crecimiento del cristianismo en todo el Imperio romano, a mediados del siglo primero comenzó una feroz persecución a los cristianos. Hubo miles de personas que, sabiendo que su vida estaba en peligro, no renunciaron a su fe y murieron por lo que consideraban la verdad. Para Justino, estos mártires son una evidencia viva de la existencia misma de Dios: aquellos que se atreven a morir por su fe muestran su certeza y fidelidad al Dios verdadero.[53] El punto del apologista es muy interesante. En el 44 d. C le cortaron la cabeza a Santiago el Mayor (apóstol de Jesús) y en el 64 d. C. crucificaron bocabajo a Pedro (apóstol de Jesús y líder del movimiento cristiano) por predicar la locura de la resurrección de Jesús de entre los muertos. Ambos habían visto a Jesús morir crucificado y, no obstante, estaban dispuestos a morir por afirmar que lo vieron vivo de nuevo. Debían de haber vivido algo muy fuerte y real como para estar dispuestos a morir por ello, ¿verdad? Eso piensa Justino. Estos testimonios son sorprendentes porque a lo largo de la historia personas han muerto por mentiras que pensa-

---

53. Justino, *Primera Apología*, 39; *Segunda Apología*, 12.

ban que eran verdad, pero nadie muere por mentiras que sabe que son mentiras; y eso es lo que estaría pasando aquí... si no fuera verdad.

Pero él no se quedó en las palabras, sino que las encarnó hasta el final y fue decapitado en Roma en el 165 d. C. por orden del prefecto romano Junio Rústico durante el reinado del emperador Marco Aurelio, por no renunciar a su fe, predicando lo mismo que Santiago y Pedro.

En relación con esta muerte y tantas otras, mucha gente ha encontrado una invitación luminosa a investigar y profundizar en la fe. El recientemente fallecido pastor protestante Timothy Keller decía que el sacrificio de los mártires era una potente evidencia de una fe genuina en la realidad de Dios.

A mediados del siglo IV nacería en la actual Argelia (Tagaste) un personaje adelantado a su época. Su historia parece ser eco del camino espiritual de muchísimas personas hoy en día. La pregunta sobre el sentido de la vida lo perturbará profundamente y lo llevará a buscar de manera hedonista, en los placeres de la vida, aquello que le faltaba, hasta encontrase con Dios. **San Agustín** de Hipona (354-430) viajará desde la Pachá o la Bresh de su tiempo hasta el monasterio para encontrar el descanso que su alma necesitaba.

He escuchado cientos de testimonios similares al de Agustín en mi vida. No sé si Agustín fue el primero en transmitirlo así, pero es increíble leer a alguien de su tiempo con un enfoque tan cercano a lo posmoderno y con tanta atención a sus emociones. Agustín trató de sentirse lleno y completo en su vida, pero el vacío que sentía en su alma no pudo saciarlo con ningún placer de este mundo. ¿Qué sucedió? Después de vagar en busca de respuesta, san Agustín tiene su encuentro con Dios y, meditando sobre ello, escribe: «Nos has creado, Señor, para ti, y nuestro corazón está inquieto hasta que descanse en ti».[54] Basándose en su experiencia de vida y búsqueda de la felicidad, el filósofo entiende que el ser humano tiene un deseo innato de trascendencia que intenta llenar de mil maneras, pero que solo Dios puede hacerlo. No fue hasta que se entregó a Dios cuando su alma verdaderamente descansó.

El descanso que anhelo solo el Misterio puede darlo.

No son pocos los que han descrito sensaciones de desolación al intentar hallar el propósito de su vida y finalmente encontrarlo en lo que los trasciende. La incapacidad de encontrar plenitud en ningún sitio salvo en Dios es una razón de peso para creer en Dios para Agustín. Así también lo fue para el matemático, físico y teólogo Blaise Pascal (1623-1662), quien lo expresó en uno de sus pensamientos diciendo que el ser humano tenía un vacío en forma de Dios que solo Dios podía llenar.[55]

El conocido como padre del existencialismo, Søren Kierkegaard (1813-1855), pensaba que buscar el verdadero sentido de la vida era, en última instancia, caminar hacia

---

54. Agustín, *Confesiones*, 1, 1.

55. Pascal, B., *Pensamientos*. Cita exacta: «¿Qué es lo que proclama la desdicha del hombre, sino que había en el hombre un verdadero bien del cual no queda más que el rastro vacío? [...] Este infinito abismo no puede ser llenado más que por un objeto infinito e inmutable, es decir, solo por Dios mismo».

Dios. ¿Por qué pensaba eso? Por la misma experiencia humana. La búsqueda de sentido es imperativa a la raza humana: no hay ser humano verdadero que no busque el pleno sentido de la vida. De forma similar, ¿hay algún ser humano que en su búsqueda de sentido no se encuentre con preguntas sin respuestas o con anhelos insatisfechos? Tampoco. ¿Cómo se siente, entonces, el ser humano al buscar incesantemente un sentido último y no hallarlo? Angustiado, muy angustiado. En este contexto, el filósofo danés dice que «la angustia es el sabor de la libertad; es un signo de que el ser humano es capaz de elegir, y también es una llamada a buscar lo verdadero».[56] La angustia, en otras palabras, no debe entenderse como algo puramente negativo. Para Kierkegaard, este sentimiento es una evidencia de que posees libertad de elección y de que, al mismo tiempo, tienes una llamada interior a buscar algo más allá de ti mismo. Por ello la angustia no es tu enemiga, sino una guía que te impulsa a cuestionar y examinarte, y explorar lo que realmente importa. ¿Es ese vacío que a veces sientes el final? En absoluto, es un impulso hacia lo que te trasciende, una llamada a poner tu mirada en aquello que podría proporcionarte el sentido definitivo. En otras palabras, la angustia no es sino una puerta hacia el Misterio, hacia lo desconocido, hacia aquello que está más allá de las tierras humanas. Por esa razón, Kierkegaard enfatiza que reconocer que estás buscando el sentido es esencial.

56. Kierkegaard, S., *El concepto de la angustia*, Espasa-Calpe, Madrid, 1982, pp. 59-63.

En el reconocimiento y en la búsqueda, la trascendencia está cerca.

¿Has sentido desilusión o vacío después de conseguir algo que anhelabas muchísimo? Seguro que sí. *Ya has alcanzado objetivos que dijiste que te harían feliz.*

No funcionó. Sé que no funcionó porque a mí tampoco me valió. Ser consciente de que ya has alcanzado eso que dijiste que te haría feliz pero no lo ha hecho es muy duro. Sabes que la felicidad que estabas buscando no estaba ahí. Y también que lo has cambiado por otra cosa de la misma índole, que tampoco podrá dártela. Por eso merece la pena preguntarse: ¿qué cosas estoy buscando que pueden reflejar un anhelo más profundo que esas mismas cosas?

«Si encuentro en mí un deseo que ninguna experiencia en este mundo puede satisfacer, la explicación más probable es que fui hecho para otro mundo».[57]

Como si estuvieras en una escena de *Avengers: Endgame*, viajas en el tiempo alejándote considerablemente de la época de san Agustín hasta la madrasa al-Nizamiyya de Bagdad en tiempos del califato abasí. Un imán de origen iraní predica alegremente: «Todo ser que comienza tiene una causa para su comienzo; ahora bien, el mundo es un ser que comienza; por tanto, posee una causa para su comienzo».[58]

---

57. Lewis, C. S., *Mero cristianismo*, Nelson, Nashville, 2021, p. 118.
58. Silogismo presentado por Al-Ghazali en libros como *La incoherencia de los filósofos* y *Cartas a Jerusalén*. Para leer más véase: Craig, W. L., *The Cosmologi-*

Las cosas que empiezan a existir tienen una causa externa a sí mismas, pensó **Al-Ghazali** (1057-1111)[59]. Esto es un hecho comprobado por todos los seres humanos una y otra vez. Si asumimos, cosa coherente y lógica, que el universo, en algún punto, comenzó a existir (ya sea en el *big bang* o en una sucesión de cuatrocientos *bangecitos* anteriores), entonces es lógico pensar que también necesitaría una causa externa a sí mismo. ¿Por qué para Al-Ghazali creer que el universo no es eterno era lo más lógico y coherente? En primer lugar, porque cualquier cosa sujeta al cambio y a la acción del tiempo difícilmente puede ser eterna. En segundo, porque si yo te dijera que vas a terminar el libro después de leer infinitas palabras mías, ¿cuándo lo terminarás? Ya... nunca. ¿Por qué? Eso es porque no se puede alcanzar un fin en una sucesión infinita de eventos; el pasado, si fuera infinito, nunca habría permitido la llegada del presente, y eso es incoherente. Así, para Al-Ghazali, una cadena de causas infinitas es incongruente y, por ende, debía existir una causa «incausada». Esta primera causa es de vital importancia para él, porque no solo da inicio a la cadena de eventos, sino que también es el origen de la existencia misma del universo.

¿Se puede inferir de esta idea la existencia de algo trascendente? Sí, sin duda, pero también la de un ser trascendente. En algún momento, algo o alguien tuvo que decidir voluntariamente iniciar el proceso. Reflexionemos: si llegamos a una causa última o «incausada», ¿qué tipo de causa podría

---

cal Argument from Plato to Leibniz, Palgrave Macmillan, Londres, 1980, pp. 98-105.

59. Ab Hamid Muammad ibn Muammad al-Gazal ax-Xāfi'ī at-Tusi ujjat al Islam.

ser esta? ¿O qué características debería tener esta primera causa (del universo, en este caso)? Si esta primera causa da origen al universo temporal, debería ser atemporal y, como consecuencia, eterna (porque no podría haber comenzado a existir). Si también es la causante del universo material, entonces debe de ser inmaterial. Y, por último, si pudo generar un universo tan sumamente grande y complejo, debería de poseer una superinteligencia y un poder inmenso.

Luego, si existiera la oferta de empleo de «creadora universal», se buscaría a un agente eterno, inmaterial, superinteligente y extremadamente poderoso. ¿Crees que tendremos muchas solicitudes en la bolsa de trabajo? Averroes y yo pensamos que no.

A esta idea tan sencilla de que todo lo que comienza a existir tiene una causa externa a sí mismo se la conoce como el «principio de causalidad». Este, lejos de ser una creencia de los antiguos, es un principio básico de la ciencia moderna. Si se te ocurriera eliminarlo, la ciencia te eliminaría a ti. ¿Podría el principio de causalidad conducirnos hacia la existencia del Misterio? Para Al-Ghazali, esta es una razón más para creer en la existencia de Dios.

De la seriedad de las clases de teología suní vuelves a aterrizar en la zona del Magreb. Estás en la vibrante plaza Yamaa el-Fna en Marrakech. Los colores, aromas y sonidos te envuelven mientras te acercas a un hombre sentado con un manuscrito en las manos: es **Averroes**[60] (1226-1198), filósofo musulmán nacido en Córdoba, quien sostiene su más reciente obra, *Tahafut al-Tahafut* (*La incoherencia de la incoherencia*). Con vergüenza pero con determinación, te acercas y le preguntas por su razón favorita para creer en Dios. El cordobés, serio y sin pronunciar palabra, te entrega el manuscrito. No le gustó nada el argumento de Al-Ghazali en contra de la eternidad del mundo. Como aristotélico, Averroes cree que el universo es eterno. Pero no te confundas, incluso si el universo es eterno, debe ser creado. ¿Por qué? Porque, de igual manera, se necesita una causa que sostenga la existencia de todas las cosas que existen.

Por las bellas calles de la ciudad de Córdoba del al-Ándalus almorávide camina Moisés. Lleva tiempo estudiando a Averroes y opina, como él, que no hay lugar en la mente humana para pensar que el cosmos sea origen de sí mismo y, por tanto, deben ambos existir en virtud de la existencia de algún ser que es el principio de la existencia de todo lo que es[61] (fíjate en la similitud con el pensamiento de Averroes y de Aristóteles). Además de eso, para el judío hay un detalle más de vital importancia y es que «las personas inteligentes suelen quedarse perplejas y confusas cuando indagan el designio y finalidad de la Creación. ¿Cuál es la causa final

60. Abu al-Walid Muhammad ibn Ahmad ibn Rushd.
61. Maimónides, *Guía de los Perplejos*, 2.1.

de que existan los cielos?».[62] Este mundo entero posee un orden de un extremo a otro y alguien debería ser origen de todo este. En otras palabras, si todo está finamente ajustado, ¿no debería estar alguien detrás de semejante ajuste? ¿Qué dirías tú si el universo estuviera de verdad ajustado para la vida? ¿Sería una razón para creer en lo trascendente o Dios, como dice Moisés?

Moisés ben Maimón, también conocido como **Maimónides** (1138-1204), filósofo judío nacido en Córdoba y refugiado en El Cairo por la persecución almohade a los judíos de al-Ándalus, no podría ni sospechar la cantidad de artículos y libros académicos que se escribirían en los siglos XX y XXI sobre ese ajuste de extremo a extremo y de estrechísima relación que él percibía en el universo.

El astrofísico ateo Fred Hoyle (1915-2001), reconocido por su teoría de la nucleosíntesis estelar, aseveró que las fuerzas físicas del universo debían de estar perfectamente afinadas para que la vida pudiera darse. Para explicar el nivel de exactitud del que hablaba, hizo la siguiente comparativa:

> La probabilidad de obtener incluso una sola proteína funcional por la combinación aleatoria de aminoácidos es como la de un sistema estelar lleno de hombres ciegos resolviendo el cubo de Rubik simultáneamente.[63]

---

62. Maimónides, *Ibid.*, 3.13.
63. Hoyle, F., *The Intelligent Universe: A Scientific Journey Through the Cosmos*, Heinemann, Londres, 1983.

Pero rebobinemos un poco. ¿Cómo hemos llegado hasta este punto en el que un astrofísico ateo afirma semejante cosa?

Te encuentras en el inicio del siglo xx (menuda locura de siglo, por cierto), donde la física está a punto de vivir una auténtica revolución con la teoría de la relatividad de Einstein y el desarrollo de la mecánica cuántica. Gracias a estas se pueden comprender de manera precisa las leyes fundamentales del universo (es aquí cuando introducen constantes fundamentales como la velocidad de la luz o la constante de Planck). Poco después, en los años veinte, se formula la famosa teoría del *big bang* gracias al descubrimiento de Edwin Hubble sobre la expansión del universo. ¿Qué suponía esto? Algo increíble: un marco temporal y dinámico de las condiciones iniciales del universo.

Y así, a mediados del siglo xx con el fin de la Segunda Guerra Mundial, se descubren muchas de las constantes fundamentales como la cosmológica o la carga del electrón. ¿Cuál fue la sorpresa de esto para los físicos? Pues que, al realizar cambios tremendamente pequeños en estas constantes, el universo se transformaba tanto que la presencia de vida era imposible. No contentos con esto, a este descubrimiento se le unió el de las fuerzas fundamentales del universo (gravitatoria, electromagnética, nuclear fuerte y nuclear débil). ¿Te imaginas ya con qué otra sorpresa también se toparon? Exacto. Si realizaban cualquier alteración por ridícula que fuera en estas fuerzas, la formación de galaxias, estrellas y planetas se hacía imposible. Es decir, las constantes presentes desde el primer momento del universo, su evolución y funcionamiento eran justo lo que tenían que ser. Presentaban valores que, lejos de ser números azarosos, eran exactamente los necesarios para que la vida se pudiera haber desarrollado. Lo interesante es que hablaban de unas veinte constantes (o unas treinta para otros cosmólogos) cuyo valor era justo el que tenía que ser. Las principales eran: la constante cosmológica, la constante de Boltzmann, la carga del protón y del electrón, la densidad de masa, la energía del universo y la velocidad de expansión de este, la masa del protón, la masa del neutrón, la masa del electrón, la densidad masa-energía del universo, la fuerza electromagnética, la interacción fuerte, la interacción débil, la constante de Planck, la velocidad de la luz y la fuerza de la gravedad.

Curiosamente, la ciencia ha avanzado tanto en el conocimiento de estas condiciones iniciales como para saber qué ocurriría si se modificaran los valores de las constantes. Esto ha dado espacio a físicos y cosmólogos para jugar realizando variaciones en las constantes y observar con ello los universos que esas variaciones provocarían.

Imagina un edificio enorme con muchas habitaciones y departamentos. El arquitecto te explica que para sostener la cantidad de cargas que existen ha colocado más de veinte pilares. ¿Qué ocurriría si cambiara alguno de esos pilares de sitio? En efecto, que todo el edificio se desplomaría. Cada uno de estos pilares son las constantes del universo que están justo donde deberían estar para asegurar la existencia de la vida (cuyo valor es precisamente el que tenía que ser, ni más ni menos), y, en caso de variar en una cantidad ridículamente pequeña, el universo colapsaría.

Por ejemplo, una constante que quizá recuerdes de tu etapa estudiantil es la constante gravitatoria, representada por la letra G. Recordarás, y, si no, yo te ayudo, que $G = 6{,}67418 \times 10^{-11}\ m^3\ kg^{-1}\ s^{-2}$. ¿Qué ocurriría si en lugar de ser esa cantidad fuera otra solo un poco diferente? Los cálculos muestran que, si el valor fuera igual a 6,67417 o a 6,67419, y si su relación con la fuerza nuclear fuere justamente 10^{39}, la vida en el universo no existiría.[64]

Y así es como en la comunidad científica se originó lo que se conoce como el «ajuste fino del universo» (*fine-tuning* en inglés), que, a su vez, se ha transformado en un argumento a favor de la existencia de Dios. Pero ¿por qué se ha convertido en una razón para creer en lo trascendente o en Dios? Por la sencilla pregunta del «¿por qué?». Este ajuste existe y los científicos lo reconocen; sin embargo, ¿cuál es la razón de su existencia?, ¿por qué existe este ajuste tan extraordinario para que haya vida? O, dicho de otro modo, ¿cuál es la mejor explicación para este fenómeno que se observa en el universo?

El azar o la casualidad no parecen ser una opción al estar hablando de un fenómeno gigantesco. Lee Smolin (1955), un importante físico teórico materialista, reconocido por sus contribuciones en la gravedad cuántica e ideas sobre la naturaleza del tiempo, en su libro *The Life of the Cosmos* dice lo siguiente sobre esto: «¿Cómo puede ser que los parámetros

---

64. Ejemplo desarrollado en Bolloré, Michel-Yves y Bonnassies, Olivier, *Dios, la ciencia, las pruebas. El albor de una revolución*, Funambulista, Madrid, 2023, p. 182.

que gobiernan las partículas elementales y sus interacciones estén dispuestos siguiendo un equilibrio que permita la aparición de un cosmos tan complejo y diverso? Si el universo ha sido creado por una selección aleatoria de parámetros, la probabilidad de que contenga estrellas es de 1 sobre 10^{299}».[65]

Detente un momento. ¿Has leído eso con atención? Este físico no es creyente, y mucho menos alguien interesado en convertir creyentes para el mundo. No obstante, estas son sus palabras sobre el ajuste fino del universo. ¿Has notado la magnitud del número? ¿Sabes cuántos átomos se estima que hay en el universo? Se calcula que en un rango de 10^{78}-10^{82}. En otras palabras, sería mucho más sencillo que escogieras mi átomo favorito al azar de entre todos los átomos existentes en el universo que que ocurriese por casualidad la coincidencia a la que se refiere Smolin.

En 2022 participé en mi primer debate en una universidad. En mi intervención inicial, mencioné el argumento del ajuste fino del universo como una evidencia que hacía más razonable la creencia en Dios. Uno de los participantes sorprendió al afirmar que dicho argumento era inválido, pues los resultados se obtenían modificando solo una constante, mientras que, al alterar varias a la vez, el ajuste fino desaparecía. Su seguridad y claridad al exponer la idea me hicieron dudar por un instante. Sin embargo, respondí que nunca había escuchado a los físicos y cosmólogos ateos más influyentes sostener tal afirmación, lo cual era —y sigue siendo— cierto.

---

65. Smolin, L., *The Life of the Cosmos*, Oxford University Press, Nueva York, 1997.

El astrofísico y cosmólogo Luke Barnes (1989), uno de los mayores expertos en este tema de la actualidad, escribió lo siguiente respondiendo a esta objeción:

> Esto es un mito. La gran mayoría de los artículos sobre ajuste fino, desde los primeros en los años 70 hasta hoy, varían muchos parámetros. Mi artículo enumera unas doscientas publicaciones relevantes para el campo.[66] Solo puedo pensar en un puñado que varía solo un parámetro. La literatura científica no varía simplemente un parámetro a la vez cuando investiga universos que permitan la vida. Esto es un mito, originado (en el mejor de los casos) por una completa ignorancia.[67]

Más recientemente, en 2020, Barnes escribió junto al cosmólogo ateo G. Lewis el libro *A Fortunate Universe*, publicado por Cambridge University Press, donde afirman tajantemente que la variación de una sola constante no es más que un mito.

¿Cómo entiendes tú este ajuste del universo? ¿Cómo explicas esta realidad? ¿Es una buena razón para creer en lo trascendente? ¿Tiene sentido inferir la existencia de Dios si el universo es exactamente como debería ser para que tú y yo estemos aquí?

---

66. Barnes, L., *The Fine-Tuning of the Universe for Intelligent Life,* 2012. En él, Barnes menciona dos estudios relevantes: Barr y Khan (2007), que varían nueve parámetros en su investigación, y Tegmark, Aguirre, Rees y Wilczek (2006), quienes presentan una tabla con ocho restricciones antrópicas en un espacio de siete parámetros.
67. Barnes, L., *Fine-Tuning and the Myth of «One variable at a time»*, carta a *Nature*, 1 de agosto de 2013, consultado en:
https://letterstonature.wordpress.com/2013/08/01/fine-tuning-and-the-myth-of-one-variable-at-a-time/?fbclid=IwAR1esl3xKYXCeH-gnJ6wO2_quU66oY5jAETYl-hy9Tl1G9bXqjMmMvl0emc.

A continuación, te dejo algunas citas de científicos relevantes (ateos, agnósticos y un creyente) que hacen referencia a este ajuste fino del universo y su relación con la trascendencia. Las reflexiones, y quién sabe si conclusiones, como siempre, son tuyas.

> «Es sorprendente que las leyes de la naturaleza y las condiciones iniciales del universo permitan la existencia de seres que puedan observarlo [...]. La vida tal como la conocemos habría sido imposible si una de las numerosas cantidades físicas hubiese tenido un valor levemente diferente».[68]

STEVEN WEINBERG (1933-2021), físico teórico y cosmólogo ateo.
Nobel de Física en 1979 junto con Glashow y Salam
por sus contribuciones al desarrollo de la teoría
electrodébil que predijo la existencia
de las corrientes neutras

> «Pertenezco al grupo de esos investigadores que no profesan una religión convencional, pero que se niegan a creer que el universo pueda ser un accidente fortuito. El universo está organizado con tal ingeniosidad que no puedo aceptar esta creación como un mero dato».[69]

PAUL DAVIES (1946), físico y cosmólogo no creyente

---

68. Wienberg, S., *Dreams of a Final Theory: The Scientist's Search for the Ultimate Laws of Nature*, Knopf Doubleday Publishing Group, Nueva York, 1994.
69. Davies, P., *The Mind of God: The Scientific Basis for a Rational World,* Simon & Schuster, Nueva York, 1992.

«Toda la materia origina y existe solo por virtud de una fuerza que hace vibrar las partículas de un átomo y mantiene unido este minúsculo sistema solar del átomo. Debemos suponer que detrás de esta fuerza existe una Mente consciente e inteligente. Esta Mente es la matriz de toda la materia».[70]

Max Planck (1858-1947), físico cristiano.
Nobel de Física en 1918 en reconocimiento
a su descubrimiento de la teoría cuántica

«Las leyes de la ciencia, tal como las conocemos actualmente, contienen muchos números fundamentales, como el tamaño de la carga eléctrica del electrón y la relación de las masas del protón y el electrón. El hecho notable es que los valores de estos números parecen haber sido finamente ajustados para hacer posible el desarrollo de la vida».[71]

Stephen Hawking (1942-2018), físico y cosmólogo ateo

«Creer que la vida apareció por puro azar es como creer que, si se espera lo suficiente, un Boeing 747 va a ensamblarse espontáneamente a partir del polvo que existe en un cinturón de asteroides».[72]

James Gardner (1960), astrobiólogo y autor agnóstico

---

70. Planck, M., «The Nature of Matter, speech at Florence, Italy, 1944», en F. W. Dyson, ed., *Scientific Autobiography and Other Papers*, Dover Publications, Nueva York, 1968.
71. Hawking, S., *A Brief History of Time: From the Big Bang to Black Holes*, Bantam Books, Nueva York, 1990.
72. Hoyle, F., «Hoyle on Evolution», *Nature*, vol. 294, 12 de noviembre de 1981.

En una de las canciones más bonitas que escuché el año pasado, *el Alquimista*, la cantante venezolana Joaquina consigue llevarnos, con sencillez y elegancia, desde la observación de un universo armonioso hasta la conversación con su Alquimista:

La Tierra gira sobre el mismo eje,
todo fue tan hecho a la medida,
tuvo que haber sido a propósito
por Alguien que sabía lo que hacía.

Quisiera sentarme de frente con el Alquimista [...]
quisiera invitarlo a cenar y que hablemos y hablemos...

De Marrakech a Córdoba y de Córdoba a Aquino (Italia), para hacer una parada superbreve en el doctor de la teología. **Santo Tomás** (1225-1274), filósofo y teólogo italiano, escribió mucho (mucho) y de muchas cosas acerca de la naturaleza de Dios, sobre todo en su *Summa Theologiae*, donde expuso sus famosas cinco vías a favor de la existencia de Dios. Estas ya te sonarán porque han sido *trending topic* durante muchos siglos y mucha gente ha escrito y hablado sobre ellas muy extensamente. No seré yo uno más en este libro. Aun así, era justo mencionar a Tomás al menos de pasada, ya que su trabajo ha influido en gran medida en el resto de los autores que vas a ver, y porque sospecho que seguirá influyendo en los autores que estudiarán los hijos de mis hijos.

No puedo continuar con el siglo XVI sin hacer reposo en Ávila para visitar a una monja muy especial. Para ella, lo central es la experiencia personal. La discusión no está en los argumentos y formulaciones abstractas, sino en la intimidad consigo, y también y principalmente, con Dios. La trascendencia no vive en los argumentos racionales, sino que se manifiesta en la vida diaria y en la oración contemplativa: «La oración, a mi parecer, no es otra cosa que tratar de amistad, estando muchas veces tratando a solas con quien sabemos que nos ama».[73]

Santa Teresa de Jesús (1515-1582), mística y reformadora carmelita nacida en Ávila (España), narra sin miedo algunos de sus famosos momentos de éxtasis. La experiencia de Dios es tan fuerte que en su poema «Nada te turbe» escribe: «Quien a Dios tiene, nada le falta: solo Dios basta».

Toda persona que ha vivido experiencias espirituales transformadoras entiende a la perfección las palabras de Teresa. En ese momento de conexión trascendental, de conciencia de la obra del divino dentro de ti, el tiempo se para y una paz inexplicable te atrapa. Aquello que te perturbaba sobremanera en ese momento deja de tener ese poder sobre ti. Por supuesto, y como dice ella misma, entonces no hay mejor sitio para estar que en el que ya estás.

Mi primer despertar espiritual, o de conciencia plena, siendo adulto ocurrió en High Wycombe, un pueblo a medio camino entre Londres y Oxford. Era 2013, tenía diecinueve años y

---

73. Teresa de Jesús, *Libro de la vida*, BAC, Madrid, 2014, cap. 8, sec. 5.

acaba de terminar mi primer curso de Ingeniería. Llegué para trabajar en un centro espiritual durante todo el verano. Para mi sorpresa, el centro estaba siendo desalojado y el ambiente de trabajo era desesperanzador y pesado. Deberían haberme avisado de la situación en la que se encontraba, pero no lo hicieron, y una vez allí no iba a volverme a España después de haber pagado los billetes de avión. A la crudeza del ambiente se le unió el descubrimiento de la traición de una amiga en España que me rompió el corazón; y a esto, una convivencia difícil con los compañeros de la casa donde tenía que vivir. Los oía cuchichear cuando pasaba, murmurar en la cocina cuando yo no estaba y callar cuando llegaba. El salón era el lugar de fiesta, siempre y cuando yo no estuviera. Fue oscuro. Fue volver a abrazar la oscuridad y soledad que tanto daño me habían hecho de niño.

Dice Carl G. Jung en su libro *Psicología y religión* que nadie se ilumina imaginando formas de luz, sino haciéndose consciente de su propia oscuridad, y creo que hay una gran verdad para el caminar espiritual en esas palabras. Porque, por paradójico que pueda parecer, será difícil que recuerde un lugar con más alegría que este. En medio del llanto y la desesperación sentí la plenitud de la existencia sobre mí. El tiempo se paró, y vi, esta vez de forma clara y evidente, mis sombras y mis heridas, el abismo. Cobré conciencia. Las cosas que me habían atormentado desde niño, las personas que tanto daño me había infligido estaban delante de mí. No podía sostenerlas, no podía derrotarlas y, aún menos, sobreponerme a ellas. Por primera vez no las ignoré y no las peleé como solía;

las solté. «Tuyas son, Dios. Tuyo soy yo», exclamé. De pronto, la oscuridad que sentía y el dolor que me perseguía desaparecieron. Por primera vez en mi vida experimenté el descanso. «Está todo bien, no tienes que luchar más», escuchaba en mi interior. De manera extraña sentía compasión por aquellos que me habían maltratado y su recuerdo no me arañaba el alma. De algún modo inexplicable para mí, sentí como si hubieran encendido la luz. Si tuviera que decir qué ocurrió ese día, diría que mi reactividad, mis sombras y las etiquetas que cargaba conmigo se desvanecieron, me abandonaron, y dejaron paso a mi posterior florecimiento. De corazón te digo que no tengo más explicación que la divina. Que yo esté hoy escribiendo este libro tiene mucho o todo que ver con esa experiencia sanadora.

El Misterio no ignora la voz que clama en el desierto, Dios no abandona al Hijo que lo llama.

Aún quedaba más de un mes en ese centro espiritual y nada cambió. Nada cambió en el centro, pero, cambié yo. A mi alrededor todo estaba mal, mas yo estaba en paz. El centro estaba en demolición; yo, en plena construcción. Podían hacer toda clase de mal contra mí, pero yo sentía que estaba protegido. Mis días constaban de unas siete horas de trabajo de mantenimiento, meditación, entrenamiento y mucho tiempo solo. Bendito desierto. Fue ahí donde, con mucho miedo y vergüenza, realicé durante dos días mi primer viaje a Londres para explorar la ciudad completamente solo.

Hace poco leí como varios místicos explicaban que algunas de sus experiencias produjeron en ellos lo que llamaron la «divina indiferencia» o sensación de paz incondicional. Conecté con la idea y me ayudó a recordar algunas de las cosas que he escrito. Este estado de éxtasis divino me acompañó durante toda mi estancia inglesa, para después dejar paso a mi fe diaria, pero su recuerdo aún vive conmigo. Sin embargo, todos los días no son fiesta, ni para mí ni para Teresa. La carmelita reconocía haber transitado grandes dificultades en su camino espiritual, pero señalaba que, aunque hay muchos días nublados y oscuros, «cuando el alma mira este Sol, queda deslumbrada por su claridad».[74] En otras palabras, las experiencias para la santa no son únicamente las de éxtasis y fuegos artificiales, sino también las de paz y acompañamiento en medio del valle tenebroso. Dios le proporcionaba la luz necesaria para seguir adelante. ¿Cómo influyeron todas esas experiencias en Teresa? Como te imaginarás, estas vivencias la dotaron de certeza y confianza en Dios.

Imagina a un explorador navegando por mar abierto. De pronto, se encuentra con una isla llena de maravillas. No tiene sentido. No puede entenderlo ni explicarlo porque, según sus mapas e instrucciones, ahí no hay nada. No obstante, por su propia experiencia sabe que esa isla se encuentra allí. La conclusión es clara: el mapa era demasiado pequeño o estaba incompleto. ¿Qué trato de ilustrar con esto? Que la razón no es suficiente para navegar la plenitud de la vida humana, se necesita un mapa completo; hay que actualizar en el mapa y la experiencia desprejuiciada es una gran aliada para ello.

---

74. Teresa de Jesús, *Libro de la vida*, BAC, Madrid, 2014, cap. 20, sec. 29.

La exploradora de Ávila señala de modo similar a como lo hacen Cicerón o Agustín la existencia del deseo innato de unión con lo trascendente que existe en el corazón del hombre y de la mujer. El ser humano tiene la necesidad de conectarse con Dios porque este está en el centro de nuestro corazón, y quien lo busque lo hallará. En conclusión, para Teresa, la búsqueda de Dios es tan natural como el respirar, pero no puede aspirar a ello meramente a través de la razón. Ignorar la experiencia es navegar con los mapas de la fe incompletos. Y, por último, la buena noticia de Teresa para ti y para mí es ese final que ella misma escribió: «Mirad que no está aguardando otra cosa, sino que miremos. Como le quisiereis, le hallaréis. Tiene en tanto que le volvamos a mirar, que no quedará por diligencia suya».[75]

¿Recuerdas que en capítulos previos hablé de la fe de la ciencia desde la visión de los propios padres de la ciencia moderna: **Galileo** (1564-1642), **Kepler** (1571-1630) y **Newton** (1643-1727)? Ahí pudiste ver como su enfoque científico estaba totalmente influenciado por su pensamiento religioso. El mismo método científico sobre el que trabajaron resultaba para ellos una razón para creer en Dios, puesto que era fruto de su propia fe en Dios. De manera muy rápida déjame señalar algo interesante que comentaba Galileo.

Hace unos años, sin ser consciente de que hoy estaría escribiendo sobre él, visité la calle donde nació y se crio

75. Teresa de Jesús, *Camino de perfección*, San Pablo, Madrid, 2021, cap. 26, sec. 3.

Galileo Galilei en Pisa, Italia. Para él, la naturaleza era una manifestación de la sabiduría de Dios, y estudiarla, una forma de adorarlo. Me gusta al mil por cien su tesis. Bajo ningún concepto el italiano diría cosas como «he descubierto esto, ya no necesito a Dios». Ni borracho. Al contrario, convencido, decía: «La naturaleza es un libro escrito en el lenguaje de las matemáticas».[76] Y cuando le plantearon el supuesto conflicto entre ciencia y fe o ciencia y religión, Galileo lo cerró aseverando que «la intención del Santo Espíritu es enseñarnos cómo ir al cielo, no cómo va el cielo».[77]

En otras palabras, la religión, y en concreto la Biblia, para él no es un tratado científico, por lo que nunca podrá explicarnos cómo va el cielo. Del mismo modo, esperar que la ciencia responda las preguntas existenciales del ser humano como el propósito y la moralidad es erróneo. Para estas preguntas siempre necesitaremos volver nuestra mirada hacia el Misterio de Dios.

«Por eso, en esas eternas preguntas y en ese todopoderoso Misterio, he formulado la que creo que es mi meta: dudar. Voy a dudar de todo. ¿Hasta cuándo? Hasta que encuentre la verdad indudable, la razón incontestable desde la que poder construir mi pensamiento sin dudar. Ese es mi objetivo y lo voy a poner en práctica desde

76. Galilei, G., *Il Saggiatore,* Appresso Giacomo Mascardi, Roma 1623 [Hay trad. cast.: El ensayador, Aguilar, 1981]..
77. Galilei, G., «Carta a la gran duquesa Cristina de Toscana», en *Opere*, vol. 7, Edizioni Nazionali delle Opere di Galileo, Florencia, 1965.

ahora mismo. ¿Es esa mujer que viene hacia mí diciendo "Hijo mío" realmente mi madre? Pues no lo sé, no puedo comprobarlo. ¿Es mi nombre de verdad René? Nunca lo había pensado de esa manera. ¿Existe Dios? Podría dudarlo también y suponer que no existe.[78] Si pienso, existo (pausa incómoda). ¿Tengo que dudar hasta de mi propia razón? ¿No puedo fiarme ni de mis propias facultades cognitivas?[79] ¿Acaso no puedo tener certeza ni de mis propias percepciones ni de que 1 + 1 es igual a 2? Creo que me estoy metiendo en un lío gordo...».

Así comenzó la película de terror en la mente del filósofo francés **René Descartes** (1596-1650). Había dejado su Francia natal en busca de un espacio tranquilo en el que meditar y escribir en Países Bajos, pero la inverosimilitud de la tarea de dudar de todo lo llevó a no poder fiarse ni de sus propias facultades cognitivas. Pero es que no es en ningún caso obvio este punto. ¿Por qué deberíamos fiarnos de nuestras capacidades cognitivas? ¿Por qué mi razonamiento funciona? ¿Por qué confío en él? Espero que recuerdes que en la sección «La fe de la ciencia» hablé de que esto mismo era un presupuesto necesario para hacer ciencia: creer que la razón humana es fiable y nos guía hacia conclusiones verdaderas. Esta cuestión, lejos de ser tri-

78. En la Meditación primera, Descartes, R., *Meditaciones metafísicas con objeciones y respuestas*, introducción, traducción y notas de Vidal Peña, Alfaguara, Madrid, 1641/1986, Descartes escribe: «No les objetemos nada por el momento, y supongamos, en favor suyo, que todo cuanto se ha dicho aquí de Dios es pura fábula», 20.

79. Aquí Descartes se topa con el problema de su genio maligno pensando que si hubiera una inteligencia maligna que ha empleado todas sus fuerzas en engañarlo, no podría estar seguro de las cosas que piensa o sabe; hasta las matemáticas y la lógica podrían estar manipuladas por este genio.

vial, ha provocado la admiración y perplejidad de muchos pensadores, científicos y filósofos a lo largo de la historia. Fue Albert Einstein el que manifestó su asombro diciendo: «Lo más incomprensible del universo es que sea comprensible».[80] Es difícil de comprender por qué, en primer lugar, el universo puede ser entendido y, en segundo, por qué los humanos podemos entenderlo. Y, aun así, aquí estoy yo usando mi razón para escribir estas líneas y tú usando la tuya para entenderlas. Es una dimensión de la naturaleza humana innegable y absolutamente esencial para vivir la vida.

¿Alguna vez habías reflexionado sobre esta cuestión? Según tu cosmovisión, ¿cómo explicas esta realidad del raciocinio humano?

En el tercer capítulo de su obra *Los Milagros*[81] el escritor y académico C. S. Lewis (1898-1963) advertía que no todas las visiones del mundo podían responder de modo satisfactorio a estas preguntas. Señaló con énfasis que había que tener cuidado con cualquier cosmovisión que menospreciara o invalidara la razón humana, porque a esas ideas se había llegado usando la razón. Si mi filosofía niega o invalida mi cognición, estoy perdido, porque he llegado a esa filosofía pensando.

Lewis cree que la cosmovisión atea *grosso modo*, reduce toda la realidad a átomos y procesos químicos e invalida las facultades cognitivas humanas. ¿Por qué? Por la manera en la que se ha llegado a ellas. Para ver esa manera, miremos cómo lo describe el famoso biólogo

---

80. Einstein, A., «Physics and Reality», *Journal of the Franklin Institute*, vol. 221, n.º 3, 1936, pp. 349-382.
81. Lewis, C. S., *Los Milagros*, Editorial Verbo Divino, Estella, 2002.

ateo profesor de la Universidad de Oxford Richard Dawkins (1941). En su libro *El relojero ciego* habla de la evolución y la selección natural como «el proceso automático, ciego e inconsciente que descubrió Darwin, y que, ahora sabemos, es la explicación a la existencia [...] sin ningún tipo de propósito en mente».[82] Es decir, el proceso que ha traído al ser humano (y sus facultades) aquí y ahora ha sido automático, ciego e inconsistente, fruto del azar y sin propósito alguno detrás. ¿Todo bien con esto?

El mismo Charles Darwin, un año antes de morir, escribiría lo siguiente en una de sus cartas: «Siempre me surge la horrible duda de si las convicciones de la mente del hombre, que se han desarrollado a partir de la mente de los animales inferiores, tienen algún valor o son dignas de confianza. ¿Confiaría alguien en las convicciones de la mente de un mono, si las hubiera? ¿Alguna convicción en una mente así?».[83]

Las preguntas que se plantea Darwin son durísimas. A través de las preguntas retóricas, expresa con claridad que él mismo no se fiaría de las convicciones de la mente humana si esta se hubiera desarrollado mediante de un proceso aleatorio y únicamente a partir de la evolución de seres inferiores, carentes de capacidad racional.

En el año 2012, el famoso ateo neoyorquino Thomas Nagel (1937) publicó *La mente y el cosmos*, un libro que daría mucho que hablar. El subtítulo del libro ya aveci-

---

82. Dawkins, R., *The Blind Watchmaker: Why the Evidence of Evolution Reveals a Universe Without Design*, Norton & Company, Nueva York, 1986, p. 5.
83. Darwin, C., «Letter to Graham, 1881», en *The Correspondence of Charles Darwin*, Cambridge University Press, vol. 28, 1981.

naba tormenta: *Por qué la concepción neodarwinista materialista de la naturaleza es, casi con certeza, falsa.* Nagel razona que si la evolución se dio de la manera en la que pensadores como Dawkins proponen, sería muy improbable que la cognición humana estuviera preparada para conocer la verdad. ¿Por qué? Porque desde la perspectiva neodarwinista materialista el propósito final de la evolución no es el conocimiento de la verdad, sino la supervivencia. Por eso, el ateo concluyó que «el naturalismo evolutivo implica que no debemos tomarnos en serio ninguna de nuestras convicciones, incluida la imagen científica del mundo de la que depende el propio naturalismo».[84] Una ilustración que alguna gente usa para explicar esto es la siguiente: si supieras que tu móvil u ordenador son el producto de un proceso sin guía o sentido, ¿confiarías en sus mecanismos y procesos? De igual forma, si tu cerebro fuera el producto final de un proceso sin guía y sin sentido, ¿deberías fiarte de él?

El filósofo Alvin Plantinga reflexiona extensamente sobre esta cuestión en su libro *¿Dónde está el conflicto real?*, afirmando que «la evolución no guiada no pudo producir criaturas con facultades confiables para producir creencias»[85] y que, por ese motivo, «esa creencia se dispara en el pie, ya que es autorreferencialmente incoherente; por tanto, no puedo aceptarlo racionalmente».[86]

---

84. Nagel, T., *Mind and Cosmos: Why the Materialist Neo-Darwinian Conception of Nature Is Almost Certainly False*, Oxford University Press, Nueva York, 2012, p. 28.
85. Plantinga, A., *Where the Conflict Really Lies: Science, Religion, and Naturalism*, Oxford University Press, Oxford, 2011, p. 310.
86. Ibíd., p. 314.

¿Qué opinas de tu propia mente y raciocinio? ¿Habías pensado alguna vez en esto que dicen Lewis, Darwin, Nagel o Plantinga sobre la racionalidad y el ateísmo?

Es hora de volver a por al querido amigo Descartes, al que abandonamos en medio de su catarsis personal. ¿Qué hace Descartes para escapar de la duda? Descartes decide dudar de todo menos de Dios. Lo convierte en el fundamento que garantiza sus razonamientos. ¿Por qué consigue eso con Dios? En primer lugar, porque para el francés si Dios existe como razón última de todas las cosas, tiene que ser perfecto. Si Dios es perfecto por naturaleza, en él no puede haber engaño o confusión, porque «en todo fraude o engaño hay una especie de imperfección»; como consecuencia, dice Descartes: «Reconozco que es imposible que Dios me engañe nunca» porque un ser perfecto nunca querría engañarme.[87] Es decir, la existencia de Dios garantiza y asegura sus razonamientos. Ahora Descartes puede decir sin miedo «Cogito, ergo sum» («Pienso, luego existo»), porque su pensar y existir no están en tela de juicio. Si la lógica de su argumento es buena y su conclusión válida, puede fiarse de él completamente porque lo alcanzó con su razón, la cual es confiable en la existencia de un Dios que no lo engaña.

¿Tiene sentido esto que dice Descartes? ¿En qué cambia la existencia de lo trascendente en la confianza de mi capacidad de razonar? ¿Cómo solucionaría la existencia de Dios el problema de entender la mente como producto

87. Descartes, R., *Meditaciones metafísicas con objeciones y respuestas*, introducción, traducción y notas de Vidal Peña, Alfaguara, Madrid, 1641/1986. Meditación Cuarta, p. 45.

de unos procesos físicos? Sencillo. Primeramente, si Dios existe, la mente no es consecuencia de lo físico; si existe una mente trascendente, la ley física es consecuencia de ella, no al revés. En segundo lugar, la inteligibilidad del universo es una consecuencia directa de encontrarnos en un uno que, lejos de ser un accidente, es intención y propósito de Dios. Por lo que ante la pregunta: ¿puedo confiar en mis facultades? La respuesta, al igual que la que da Descartes, es que sí, porque no son fruto de un proceso caótico sino intencionado y supervisado por el mismo creador.

El filósofo alemán Friedrich Nietzsche (1844-1900) en sus *Fragmentos póstumos* reflexiona al respecto de las palabras de Descartes, la cognición humana y la necesidad de Dios diciendo lo siguiente: «No es justo considerar frívola la apelación de Descartes a la credibilidad de Dios. En realidad, solo si asumimos la existencia de un Dios con una moralidad semejante a la nuestra, la "verdad" y la búsqueda de la verdad pueden tener algún sentido y ofrecer alguna garantía éxito. Si dejamos de lado a este Dios, cabe preguntarse si ser engañado no es, de hecho, una de las condiciones inherentes a la vida».[88]

El miedo de ser engañado que tanto asustaba a Descartes es aquí planteado por Nietzsche. Si dudo de si Dios me está engañando, decía Descartes, recuerdo que es un Dios bueno y no puede hacerlo. En contraposición, escribió: «El ateo nunca podrá librarse de esa duda si antes no

88. Nietzsche, F., *Fragmentos póstumos*, Libreta 36, junio-julio 1885, fg. 30. Puede leerse en F. Nietzche, Writings from the Late Notebooks, Cambridge University Press, Cambridge, 2003, p. 26.

reconoce que ha sido creado por un Dios que es principio de toda verdad, y que no puede engañarlo».[89] Luego, para Descartes, su racionalidad fue una gran razón, valga la redundancia, para creer en la existencia de Dios.

«Dado que se dice que los seres humanos son a imagen de Dios en virtud de que tienen una naturaleza que incluye el intelecto, tal naturaleza es más a imagen de Dios en virtud de ser más capaces de imitar a Dios».[90]

Era una noche oscura en Hannover y la lluvia golpeaba violentamente contra su ventana como si las gotas intentaran abrirse paso a través del cristal. Sentado en su escritorio no las escuchaba. El estruendo interno de la pregunta era aún más ensordecedor. «¿Por qué hay algo? ¿Por qué hay algo en lugar de nada?». Había estado escribiendo mucho al respecto y revisaba sus notas como el que espera encontrar un tesoro en un baúl antiguo. Todo lo que existe debe tener una razón para su existencia, «no se podría hallar hecho alguno, verdadero o existente, sin una razón suficiente, por la cual sea así, y no de otro modo»,[91] se decía. ¿Qué sería de la realidad si no se creyera esto? El caos más absoluto. Las ciencias lo dan por sentado al buscar explicaciones detrás de los sucesos. Imagina que la medicina creyera que las cosas no tienen

---

89. Descartes, R., *Meditaciones metafísicas con objeciones y respuestas*. introducción, traducción y notas de Vidal Peña, Alfaguara, Madrid, 1641/1986. Respuesta a la 4. de las Sextas Objeciones, p. 327.
90. Tomás de Aquino, *Suma teológica*, I, q. 93, a. 4.
91. Leibniz, G. W., *Monadología*, en A. Zozaya, trad., *Obras filosóficas de Leibniz*, volumen V, Editorial Reus, Madrid, 1714/1912, sec. 32, p. 18.

explicación. No tiene sentido. Pero ¿qué hay del universo y su existencia? ¿No requiere este también razón de su existencia? Obvio, sin duda —pensó— no puede aceptarse que en la naturaleza algo venga de la nada, debe haber un principio que explique por qué existe.[92] La naturaleza no puede ser fruto del azar o de nada porque eso sería una contradicción. Para que la obra de un artista exista debe existir el artista previamente. Para que sostengas este libro en tus manos tiene que existir el autor previamente. El universo mismo debe tener una explicación que no resida en su propio interior, sino en algo más allá de él. Una vez ahí, fijó su mirada en el papel y escribió: «La última razón de las cosas debe estar en una substancia necesaria, en la cual, la relación de los cambios sea eminente, como el manantial», esto es, que sea causa y que tenga razón plena de existencia, y concluyó: «Y a esto es lo que llamamos Dios».[93] Sin ser del todo consciente de que acababa de escribir uno de los legados más profundos del pensamiento filosófico, quizá fruto del cansancio mental, apagó la luz y se fue a la cama.

A **Gottfried Wilhelm Leibniz** (1646-1716), filósofo y matemático, esta idea de Dios no le sobrevino en un momento de éxtasis o experiencia mística, sino a través del estudio profundo de la realidad en forma de necesidad lógica y existencial. Desde el pensamiento filosófico y a través del

92. Leibniz, G. W., *Discursos de metafísica*, en J. Mugureza, ed. y trad., *El Libro de Bolsillo*, Alianza, Madrid, 1686/1992, artículo 13 y 19, pp. 70-73, 81-83.
93. Leibniz, G. W., *Monadología*, en A. Zozaya, trad., *Obras filosóficas de Leibniz*, volumen V, Editorial Reus, Madrid, 1714/1912, sec. 38, p. 20.

principio de razón suficiente[94] (otro de los fundamentales de la ciencia moderna), el alemán argumentó que tenía la necesidad formal de creer en la existencia de Dios.

¿Qué te parece este argumento de Leibniz? ¿Qué hay detrás de las cosas que existen? ¿Aceptas la idea de que todo lo que existe tiene una razón o crees que hay cosas que quizá existen sin razón alguna?

Es importante observar una cosa con todos estos argumentos conocidos como argumentos cosmológicos. La salida que toman algunos ateos es decir que el universo es eterno, aunque no tengan pruebas para demostrarlo, porque piensan que así desmontan el argumento al eliminar de la ecuación el origen del universo. Pero todo apunta que es, más bien, lo contrario. Leibniz plantea esta razón para creer en Dios desde la necesidad del sentido que tienen las cosas. Desde ahí, llega a la causa última de todas, a la que llama Dios. Como puedes ver, Leibniz no está asumiendo temporalidad o eternidad del universo para aceptar esta idea.

Recordemos que Aristóteles infiere a Dios desde la naturaleza del cambio cuando él mismo creía que el universo era eterno. Aristóteles cree en la eternidad del universo y en la necesidad de una causa para su existencia. De igual manera, Filón de Alejandría creía en la existencia de Dios al ver el universo por su contingencia, su clara dependencia de otra cosa. ¿Qué quiero decir con todo esto? Que el hecho de que haya habido un inicio para la existencia

---

94. Principio de razón suficiente: todo tiene una explicación, nada sucede sin una razón que lo justifique plenamente.

del universo (idea más lógica *a priori*) o que no la haya habido (idea más ilógica *a priori*) es independiente de que el universo siga necesitando de una causa o razón o ser para su existencia, debido a su propia naturaleza cambiante (Aristóteles), contingente (Filón) y sin razón interna suficiente (Leibniz).

En el verano de 2016 pasé un par de meses con Paula haciendo un voluntariado en la zona de Beaconsfield, relativamente cerca de Oxford. Vivía en el campo en una caravana aparcada al aire libre. Para ir a comprar teníamos que atravesar un bosque hasta una pequeña ciudad donde había un pub y un supermercado. Transitar un bosque para hacer la compra me parece tremendamente romántico hoy (al Josué de veintiún años le «tocaba la moral» bastante). Siempre salíamos horas antes de que atardeciera para no llegar al campo de noche. Un día terminamos más tarde de lo habitual las tareas que teníamos. Para la ida no tendríamos problemas, porque estaría cayendo el sol, pero para la vuelta sería demasiado tarde, dado que ya no habría luz alguna. Después de un mes transitando ese bosque, recuerdo que pensé, sin dudar mucho, que podríamos hacerlo también de noche. Como estarás imaginando, no salió bien. Durante horas estuvimos dando vueltas en círculos observando los mismos árboles una y otra vez, hasta el punto de dudar de nuestra propia percepción de la realidad; hasta que, muertos de frío y acurrucados el uno en el otro para darnos calor, decidimos llamar a la policía. Lejos de ser una metáfora, ese día comprendí que *la luz es algo que doy por sentado demasiadas veces en mi caminar diario, pero que, sin ella, mi camino se convertiría en un laberinto aterrador.*

Mucho antes que yo, en la ciudad en Königsberg, Prusia (actualmente Kaliningrado, Rusia), llegaba a una convicción similar uno de los filósofos más influyentes de la modernidad. Para **Immanuel Kant** (1724-1804) el ser humano debe transitar un camino para encontrar el propósito y la esperanza: vivir una vida moralmente buena. Ese camino no es otro que el del bien supremo. Sin moralidad no podemos hacer el bien, y sin hacer el bien no podemos ser felices. Sin embargo, este camino necesita luz para ser transitado. En otras palabras, esta moralidad requiere trascender la limitación y la temporalidad del conocimiento humano. Esta moral no puede depender de los gustos personales o de las apreciaciones subjetivas de los seres humanos.

En su obra *Crítica de la razón pura* argumenta que la razón humana tiene claras limitaciones y que, como consecuencia, hay cosas que no podemos conocer a través de la experiencia y de la razón pura.[95] Por ejemplo, ¿puede la existencia de Dios ser probada de manera matemática o científica? Kant dirá que absolutamente no. La existencia de Dios supera por mucho el conocimiento humano y la razón. Pero, a pesar de que hay límites en el conocimiento; también hay principios que trascienden nuestra compresión.[96] Por ejemplo, el sentido moral. El

---

95. Esto que no podemos conocer a través de la experiencia y la razón lo llama «lo incondicionado».
96. Kant comenta eso en el prólogo de la segunda edición de *Crítica de la razón pura* de 1787.

sentido moral está incrustado en la naturaleza humana. Pero la razón de su existencia no es tan obvia. ¿De dónde provienen las inquietudes morales? ¿Por qué creemos que hay cosas que están bien y otras que están mal? Quizá puedes pensar que las cosas no están bien o mal, que es relativo. Pero si una acción está bien hoy y mañana está mal, ¿qué ocurre con la justicia y la verdad? ¿Con qué cara juzgamos hoy el pasado diciendo que hay cosas que nuestros padres hicieron mal si es relativo? Observo algo curioso con el relativismo moral y voy a compartirlo contigo. A alguna gente le gusta jugar con él siempre que no tenga nada que ver con su vida o con la de sus seres queridos. Relativiza en carne ajena.

Imagina que estás en una conversación con tus amigos y alguien dice que robar podría no ser tan malo, que «depende de las circunstancias». Todos os reís, relativizando la cuestión moral. No obstante, al día siguiente tu hermana te llama angustiada: le acaban de robar la cartera en el metro con todos sus ahorros, que iba a ingresar en el banco. De repente, aquella flexibilidad moral del día anterior desaparece por completo.

Es fácil relativizar el dolor o el abuso que sufre alguien a diez mil kilómetros de tu casa, pero muy difícil hacerlo cuando quien lo está viviendo es tu prima o tu hermano. Entonces ni queremos ni vamos a relativizar nada. Ahí está el reto: aplicar principios éticos de manera coherente, tanto en contextos impersonales como en los que afectan a tu vida o a los que amas, sin relativizar según la distancia geográfica o emocional.

Todos los seres humanos vivimos como si la moral fuera objetiva.

Menos mal. Y es en este sentido que Kant afirma que «la ley moral tiene que conducir [inevitablemente] a postular la existencia de Dios como perteneciente necesariamente a la posibilidad del bien supremo».[97] ¿Por qué? Por lo que comentaba antes. En primer lugar, por la clara limitación del ser humano por su conocimiento falible y temporalidad, y porque su experiencia, inquietudes morales y deseo de justicia perfecta lo empujan a ello. Pablo hablaría de esto en la famosa carta a los romanos diciendo que «Dios ha escrito su ley en el corazón del ser humano»[98] y C. S. Lewis en *Mero cristianismo* concluye que la realidad moral de nuestras experiencias sugiere que hay un legislador moral detrás de nuestras intuiciones.

Fíjate que Kant no está presentando razones para creer en la existencia de Dios, sino la necesidad que tiene de Dios para vivir una vida moral con propósito. ¿Es entonces, para Kant, la fe una aceptación ciega? En absoluto. Su invitación a la fe es la respuesta racional a la vida, es una necesidad para aceptar la moral objetiva que racionalmente necesitamos para vivir. Alguien podría decir, ¿no se puede defender también una moral objetiva desde el ateísmo a través de la evolución? Difícil. Desde un punto de vista ateo (siendo generosos) podrías explicar el origen de los valores morales, es decir, cómo llegamos a creer que hay cosas que están bien y

---

97. Kant, I., *Crítica de la razón práctica*, traducido por J. Rovira Armengol, La Página, Buenos Aires, 2003, c.2, s.5, p. 109.
98. Romanos 2, 15.

cosas que están mal, pero bajo ningún concepto explicar el fundamento de estos. Cuando le preguntas a un ateo sincero si los seres humanos podrían haber desarrollado un código moral distinto siguiendo otra ruta evolutiva, la respuesta suele ser un vacilante «sí». Justamente, esta fue la conclusión a la que llegamos en el debate sobre la existencia de Dios en *The Wild Project*. Un «sí» titubeante, porque su implicación es profunda y difícil de aceptar. «Hoy podrías estar defendiendo exactamente lo mismo que dices ahora, pero con una moral completamente diferente», señalé. La respuesta fue clara: «Esa es una posibilidad». Si lo pensamos por un momento, esta afirmación encierra algo inquietante, pues sugiere, en última instancia, que la moral no es objetiva, ya que podría haber sido distinta.

¿Qué es lo realmente importante? ¿Tiene algo verdaderamente importancia o tan solo hemos evolucionado para creer que es así?[99]

Podrías saber cómo has llegado a creer que asesinar niños está mal, pero no por qué objetivamente está mal. Por ello, Kant dice que para afirmar que algo está bien o mal sin miedo necesitamos a alguien que trascienda al ser humano y a esos sesgos contextuales de los que hemos hablado unas líneas más arriba, «debemos suponer un Dios si queremos pensar en la posibilidad de la moralidad». Y esto no solo lo pensaba Kant, también Nietzsche, y lo expresa de manera

---

99. Street, S., «A Darwian Dilema for Realist Theories of Value», *Philosophical Studies*, vol. 127, n.º 1, pp. 109-166.

así de bella en su obra *La gaya ciencia* a través del personaje del loco:

> El loco se lanzó en medio de ellos y los fulminó con la mirada.
>
> —¿Dónde está Dios? —exclamó—, ¡se lo voy a decir! ¡Nosotros lo hemos matado, ustedes y yo! ¡Todos somos unos asesinos! Pero ¿cómo lo hemos hecho? ¿Cómo hemos podido vaciar el mar? ¿Quién nos ha dado la esponja para borrar completamente el horizonte? ¿Qué hemos hecho para desencadenar a esta tierra de su sol? ¿Hacia dónde rueda esta ahora? ¿Hacia qué nos lleva su movimiento? ¿Lejos de todo sol? ¿No nos precipitamos en una constante caída, hacia atrás, de costado, hacia delante, en todas direcciones? ¿Sigue habiendo un arriba y un abajo? ¿No erramos como a través de una nada infinita? ¿No sentimos el aliento del vacío? ¿No hace ya frío? ¿No anochece continuamente y se hace cada vez más oscuro? ¿No hay que encender las linternas desde la mañana? [...]
>
> Al llegar aquí, el loco se calló y observó de nuevo a sus oyentes, quienes también se habían callado y lo miraban perplejos. Por último, tiró la linterna al suelo, que se rompió y se apagó.
>
> —Llego demasiado pronto —dijo luego—, mi tiempo aún no ha llegado».[100]

«Llego demasiado pronto», dijo el loco, porque aún no entendían la profundidad de su «asesinato», las consecuencias de «desencadenar a la tierra de su sol». Nietzsche, con todas estas metáforas preciosas, ilustra la idea de que Dios es la piedra an-

---

100. Nietzsche, F., *La gaya ciencia*, Alianza, Madrid, 1975, aforismo 125.

gular de los valores occidentales. La piedra angular es aquella sobre la que se sostiene un edificio, la gran piedra de carga. Si la retiras, todo el edificio se derrumba de forma estrepitosa. ¿Qué es renunciar a Dios para él? Retirar la piedra angular de los valores: directamente renunciar a nuestra moral objetiva.

Me imagino a Kant diciendo ahora: «¿Qué más razón quieres para sostener la creencia en el Misterio que esta?». La existencia de Dios no se puede probar en su sentido más riguroso, pero los principios morales y el anhelo humano de justicia la hacen evidente, «es moralmente necesario suponer la existencia de Dios».[101]

Luego Kant no cree en Dios por su experiencia religiosa, sino porque sin él no puede vivir.

No creo en Dios porque lo veo, sino porque sin Él no veo nada.

En la mañana de 1968 los pájaros no cantaron y las plantas no danzaron. El mundo amaneció turbado y sombrío, convertido en un hogar peligroso y desprotegido. Lo habían asesinado: «Muerto a tiros en Memphis», rezaba la portada de *Los Angeles Times*.

En la historia de la humanidad, ha habido seres humanos que, quizá sin darse cuenta, nos han hecho más humanos; incomodándonos y contagiándonos con su

101. Kant, I., *Crítica de la razón práctica*, traducido por J. Rovira Armengol, La Página, Buenos Aires, 2003, c.2, s.5, p. 110.

llamada divina. Sin duda, uno de ellos ha sido el pastor protestante **Martin Luther King Jr.** (1929-1968). Si le hubieras preguntado por sus razones para luchar contra la injusticia, te habría respondido rápido que, si Dios existe, los seres humanos tenemos una obligación de actuar en pos de lo que es bueno y justo. La fe era su motor y aliento diario, y el amor incondicional su medio para combatir la injusticia racial.

¿Por qué luchar por la igualdad de manera pacífica y sin hacer pagar al malvado con la misma moneda? Porque eso no es ni justo ni bueno. Absolutamente inspirado y convencido con la ética de Jesús, en su libro *La fuerza de amar* afirmó que «el amor es la única fuerza capaz de transformar a un enemigo en un amigo», y de forma similar en su famoso discurso « I Have a Dream », para terminar con la discriminación, exclamó: «Sé que el amor es la única respuesta al problema de la raza y el odio». King vivió el Sermón de la Montaña, amando a los enemigos como camino hacia la virtud. El amor es el río que puede traer esperanza y transformar la realidad a su paso y, desembocando en la reconciliación. En palabras del teólogo católico Henri Nouwen: «La capacidad de amar y ser amado refleja la esencia de la existencia, que está fundada en un Dios de amor».

¿Cómo afecta tu visión de la trascendencia a tu sentido de justicia?

¿Qué formas de amor has experimentado que muestran la esencia de lo divino?

Algo que muchas veces se considera trivial en Occidente es la idea de dignidad humana. Pero ¿por qué? O, mejor dicho, ¿qué razones hay para creer que todos los seres humanos con independencia de su sexo, etnia, orientación sexual, religión o contribución social tienen el mismo valor? ¿Cómo afecta tu creencia en Dios y la dignidad humana a tus acciones y decisiones?

En palabras del autor ateo Yuval Noah Harari (1976) en su best seller *Sapiens*: «Los derechos humanos son producto de nuestra imaginación. La igualdad es un mito traído por los cristianos. La libertad es un sinsentido, estamos determinados por el ADN.... Desde un punto de vista evolutivo, la vida no tiene ningún sentido o significado».[102]

Casi nada. De nuevo, la respuesta no es en ningún caso trivial.

Mi abuelo José pasó en cama los últimos quince años de su vida sin capacidad para ir al baño solo. ¿Por qué su valor es el mismo que el de mi abuelo Tomás que, con noventa años, seguía yendo al campo a trabajar? ¿Por qué el valor de Elon Musk es el mismo que el mío? ¿Por qué un negro tiene la misma dignidad que un blanco?

«Porque todo ser humano tiene destellos de divinidad y tiene derecho a un pleno reconocimiento de su dignidad», replicaba el pastor en uno de sus sermones. El ser humano es imagen del creador y eso le confiere un valor inalienable y eterno. Los seres humanos son iguales en derecho y dignidad, con independencia de lo que digan los humanos porque su valor es directamente divino. Luego atacar al ser humano es atacar a Dios.

---

102. Harari, Y. N., *Sapiens: A Brief History of Humankind*, HarperCollins, 2014.

¿Qué responderías si hoy te preguntaran a ti qué configura el valor de una persona en una sociedad o por qué debe considerarse que todos los humanos tienen dignidad?

La lucha de Martin Luther King no le llevó a sentarse en el Congreso de los Estados Unidos ni a jubilarse en un cayo paradisiaco en Cuba. Lo condujo a la cárcel y, posteriormente, a la muerte a los treinta y nueve años de edad. ¿Por qué tener fe cuando no estás viendo lo que querrías ver? Estas fueron las palabras que escribió en su carta desde la cárcel de Birmingham en el año 1963: «La fe es dar el primer paso, incluso cuando no ves la escalera completa».[103] King tenía la certeza absoluta de que, aunque no pudiera verlo, Dios estaba en movimiento; y si él se movía en la dirección del amor y de la justicia, se movía con Dios. Fíjate en cómo lo expresó en uno de sus sermones: «Sabemos que las montañas de la desesperación se transformarán en montes de esperanza». Si leyeras esta frase en un sobrecito de azúcar podrías pensar que es un buen ejercicio de *wishful thinking* o incluso de manifestación al universo. Podría serlo. Sin embargo, para el pastor había razones y evidencias para creer eso. De hecho, terminaría la frase anterior añadiendo: «No porque nosotros lo deseamos, sino porque Dios lo hará posible».

Pero ¿cómo había llegado a esa convicción tan incondicional? A través de su experiencia espiritual y personal con Dios.

103. La frase se le atribuye a King Jr. en su obra de *Carta desde la cárcel de Birmingham* de 1963, aunque no aparece formalmente en sus escritos.

«Quiero decir tantas cosas sobre el espíritu de justicia que sé que Dios me ha llamado a ser su portavoz».

Esas fueron palabras textuales en «I Have a Dream». No solamente la existencia de Dios era algo evidente para él, sino también la razón por la que él mismo había nacido. King encontró el propósito de su vida en invocar la justicia divina luchando contra la desigualdad entre blancos y negros. Su liderazgo provenía de Dios y su experiencia espiritual lo impulsaba a seguir y no desfallecer. Por esta misma razón, estuvo dispuesto a entregar hasta su propia vida. Para el afroamericano, la fe no era algo mágico, y mucho menos algo irrelevante para la vida humana, sino algo razonable y con claros efectos para el que la viviera fielmente.

Después de recorrer las páginas de esta segunda parte, me gustaría preguntar en voz alta, contigo enfrente... ¿Tiene sentido abrazar el Misterio de la existencia? ¿Es razonable confiar en la posibilidad de Dios? ¿Cómo comprendes el origen del universo y su asombroso ajuste para permitir la vida? ¿Qué piensas sobre Dios cuando descubres en ti anhelos de trascendencia y conexión con lo divino? ¿Cómo explicas realidades humanas tan esenciales como la racionalidad, la moral o la dignidad? ¿Por qué sigues necesitando vivir con propósito?

Todas estas son realidades que exigen no solo una explicación, sino una respuesta que vaya más allá de lo mecanicista. No basta con explicar «cómo están aquí», también necesitamos entender «por qué funcionan de este modo» y «qué tipo de realidad las fundamenta».

Creo que estoy en condiciones de afirmar que, sin fe, vivir con plenitud se vuelve imposible. Cada uno puede depositar su certeza y confianza donde quiera. Necesariamente, **la profundidad del objeto de nuestra fe determinará, en muchos casos, la trascendencia de nuestras acciones**. La mentira, por ejemplo, siempre será insatisfactoria y corrosiva, te sentará fatal. La libertad, hija de la verdad, te permitirá ver el mundo de manera renovada y caminar con un propósito real.

¿Es alguno de estos argumentos un KO (*nockout*) o verdad lógica irrefutable? Rotundamente no. No existe el «jaque mate, ateo» ¿Pero acaso sería esperable que existiera? Yo creo que no. Muy pequeño sería el Misterio si pudiera definir y demostrar su existencia a través de un razonamiento humano que puede comprimirse en un puñado de líneas, ¿no te parece? Además, si Dios de verdad buscara que los seres humanos pudieran conectar con Él libremente, ¿esperarías alguna suerte de prueba irrefutable (como un «Dios te ama» tatuado en la frente de tu compañero de piso) o más bien algún tipo de camino que se pudiera transitar de forma voluntaria? A mí, sin lugar a dudas, me parece más atractiva, intrépida y humana la última: un Camino de descubrimiento, desafío y, sobre todo, Misterio.

Ahora bien, si el camino es transitable y, como apuntaban muchos de los pensadores que hemos visto, accesible para cualquiera con disposición de mente y corazón, entonces un estudio parcial (usando únicamente nuestro intelecto) debería, al menos, inclinarse más hacia un sitio que hacia otro.

La cámara se detiene, consciente de que va a capturar la última secuencia del viaje de diversas personas hacia el Misterio. Se balancea inquieto en su sillón sabiendo que cerrar un capítulo de tal magnitud no es tarea sencilla. Con los ojos clavados en la pantalla del ordenador, mientras escucha el suave cacareo de las gallinas y a su perro Taco ladrar a lo lejos, una sutil sonrisa se le escapa. Entonces, empieza a teclear.

Puede que estés pensando... «Entonces, Josué, ¿estás diciendo que ninguno de estos argumentos demuestra la existencia de Dios?». Correcto, no creo que ninguno demuestre lógicamente que Dios existe. «¿No crees que el argumento cosmológico defendido por casi todo el mundo, desde Aristóteles hasta Craig, demuestra la existencia de Dios?». No. «¿Y la belleza y armonía del universo junto con su ajuste para permitir la vida, reconocido hasta por famosos científicos ateos, como prueba de una inteligencia detrás del cosmos?». Tampoco. «¿Y qué hay las experiencias religiosas que tanto has dicho que te gustan como fuerte testimonio de la realidad espiritual que existe?». Es cierto, me gustan mucho, pero no he dicho que prueben la existencia de nada. «Pero ¿qué hay de esas realidades que tenemos todos los seres humanos, como la moralidad, la racionalidad o la conciencia?». Son muy atractivas, sin duda, pero tampoco digo que prueben la existencia de Dios.

Eso sí, creo que la fe en la existencia del Misterio está, de lejos, mucho mejor fundada que la fe en la nada del ateísmo. Mi *pistis* en Dios —mi certeza, mi confianza, mi fe— está plenamente justificada. Como en una hipótesis que, en un juicio, parecía improbable al inicio, pero que al acumular verdades se vuelve la mejor explicación posible, sucede algo similar aquí. Cuando sumamos las deducciones filosóficas, las observaciones científicas, los anhelos humanos y las experiencias religiosas, aquello que parecía lejano se hace cercano, y el Misterio, aunque invisible, comienza a vislumbrarse.

En conclusión, la primera cosa que quería que vieras con todo esto es que, contraria a la sensación popular, las grandes mentes de la historia no consideraron poco atractiva la idea de la fe y mucho menos descartaron **la existencia de Dios**. Todo lo contario, históricamente hablando, *lo raro no ha sido creer en Dios, sino no hacerlo.* Para Platón, Aristóteles, Cicerón, Filón, Justino, Agustín, Averroes, Maimónides, Tomás, Teresa, Galileo, Kepler, Pascal, Descartes, Newton, Leibniz, Kant, Kierkegaard, Planck, Lewis, Luther King Jr. y todos los autores contemporáneos citados..., para todos y todas, la limitación de la razón para entender la realidad era **obvia**; la existencia de lo trascendente, lo **razonable**, y la idea de Dios para entender el mundo y, sobre todo, para vivir la vida, **necesaria**.

La segunda cosa es que, para sorpresa de alguna gente, creo que, como decía unas líneas más arriba, *hace falta más fe para no creer en Dios que para creer.* Dado el tipo de mundo en el que vivimos, nuestras propias percepciones e intuiciones, y nuestras experiencias personales, las razones para abrazar el Misterio superan con creces a las existentes para rechazarlo.

Hace falta más fe para no creer que para creer.

En el final de la primera parte, cuando te hablé de las dudas, te dije que tan sabio y valiente es dudar como saber aquello de lo que no hay que hacerlo.

Algunas personas, al escuchar o leer frases sobre lo razonable de la fe, responden señalando las conocidas palabras de Jesús de Nazaret a su discípulo Tomás cuando este dudó: «Bienaventurados los que no vieron y creyeron». Sin duda, una afirmación contundente. ¿Exhorta Jesús a una fe ciega o a confiar sin cuestionar y razonar? Para algunos, la respuesta es que sí, y esto contrastaría de manera seria con el enfoque de creer precisamente a partir de todo lo que has investigado, visto y oído. Si bien esta objeción suena válida *a priori*, es importante recordar el contexto, el cómo y el cuándo, de las palabras del Maestro. ¿Cuándo le dice Jesús eso a Tomás? ¿No fue al final de su vida y ministerio? ¿No fue después de tres años en los que Tomás había caminado junto a él, escuchado sus enseñanzas a diario y presenciando sus proezas y milagros? Quizá Tomás ya había visto suficiente como para dar el paso de creer.

Bienaventurado el que no vio y creyó, por supuesto. Primeramente, porque nunca será posible verlo todo, y en segundo lugar, porque hay un momento en el que ya has visto suficiente como para comprometer tu vida con Dios. Es tan importante dudar como saber cuándo ha llegado el momento de dejar de hacerlo.

Tan importante es dudar del Misterio en el Camino, como comenzar a caminar porque ya recibiste suficiente.

Ya tienes suficientes respuestas para confiar en el Misterio.

Eres un bienaventurado, eres una bienaventurada.

Ahora, adelante, camina.

«Caminante, no hay camino,
se hace camino al andar».

ANTONIO MACHADO, ***Proverbios y cantares***

PARTE III

EL CAMINO

No encuentro mejor concepto para explorar y conocer lo trascendente que el de un camino; y este, al tratarse del camino hacia el Misterio no puede ser tan solo uno más, sino necesariamente el Camino.

En muchos momentos las personas se sienten preocupadas por sus amigos o familiares que no son creyentes o que un día lo fueron y hoy parecen alejados de su fe. Es bueno recordar que cada uno tiene su camino, y que dar espacio a cada persona para vivir sus procesos es necesario. Lejos de ser un mantra o una palabra de consuelo (que me consta que puede ser para algunas personas), creo que es cierto. Mi camino hasta el día de hoy ha sido y es el mío. Por eso he enfatizado en algunos momentos que por mucho que hayas leído parte de mi historia y de mi descubrimiento personal de Dios, es exactamente eso: personal. Esto no significa que no te puedas sentir interpelado, reconfortado o incluso atraído. De hecho, es esperable, porque en la experiencia humana, donde la espiritualidad es parte, vemos destellos de nuestra propia experiencia humana en la vida de los demás. El sacerdote y psicólogo católico Henri Nouwen decía que «lo más personal es también lo más universal»,[104] señalando esa conexión entre las luchas humanas más personales y privadas con los anhelos más fundamentales de los seres humanos. Pero tu camino es tuyo. Esto no es algo negativo o desalentador, más bien todo lo contrario: es una luz esperanzadora que vuelve a invitarte a caminar, recordando que los pasos los pones tú, la experiencia y el florecimiento los vivirás tú, y el resto disfrutaremos contigo. Reza el refranero español: «Cada uno en su casa y Dios en la de todos». Pues creo que un poco más de lo mismo ocurre con los procesos de fe de cada uno. Cada uno con su proceso y Dios en el de todos.

Cada ser humano es una obra inédita, no hay dos iguales. Tú eres especial y único. Nunca más en la historia del universo existirá una persona como tú. Traes colores que nadie más puede traer, una creación incorruptible y, sobre todo, una historia que merece la pena ser vivida. Con tu forma de ver el mundo, tu manera de procesar emociones, tus sueños y ambiciones, y tus heridas más profundas, debes vivir la vida y vivir a Dios. Eso significa que tu modo de entender y vivir a Dios será diferente del de santa Teresa, del de Kant o del mío propio, porque eres distinto. De un tiempo a esta parte tengo el privilegio de leer diferentes historias de fe de personas que conozco, viajando o por redes sociales. Hay algo extraordinario en leer sobre los procesos espirituales de personas distintas,

---

104. Nouwen, H., *Dirección espiritual*, Sal Terrae, Santander, 2019, p. 11.

porque puedes ver lo universal de la experiencia de la fe y lo irrepetible de la experiencia de fe en cada una de ellas. Ojalá esta parte pueda ayudarte a explorar tu propio camino.

Cuando te crías en contextos religiosos o con un camino espiritual presentado como algo claro y sin grises, es común que una concepción demasiado plana y sesgada se apodere del trayecto e incluso del progreso en sí. A veces las prácticas rutinarias de asistir a reuniones o practicar ciertas costumbres mezcladas con la vida adulta, normalmente vinculada a trabajar y tener hijos, pueden verse como sinónimos de un camino de fe ascendente. No digo que no pueda serlo en alguien que se sienta identificado en esta descripción. Lo que sí digo es que la religiosidad (entendida como costumbrismo-continuismo religioso) es una de las mayores enemigas del Camino. El llamado del Misterio es, por definición, desconocido, es seguir la voz que te susurra en el viento, «sin saber de dónde viene o adónde va».[105] Caminar es también cuestionar las tradiciones, tanto familiares como religiosas, no para rechazarlas necesariamente, sino, como mínimo, para entenderlas. Es seguir la voz del que clama en el desierto y te anima a no quedarte donde estás porque te sientes seguro, sino avanzar hacia ese nuevo espacio en el que ya huele a jazmín y café recién hecho. Lo importante es estar en movimiento. **El movimiento es esencial mientras se escucha esa voz que está dentro de ti**, pero que es mucho más grande que tú. Esa voz silenciosa que te impulsa cuando caminas hacia la verdad, y ese susurro

105. Juan 3, 8.

ensordecedor que grita cuando avanzas hacia la oscuridad. Sigue caminando hacia la verdad. Y nunca temas a la verdad, porque toda ella es verdad de Dios. Y toda verdad, en última instancia, te llevará a la Verdad personificada.

Esta última parte del libro la forman pequeños capítulos que podrás leer rápidamente uno detrás de otro. No lo hagas. Si tienes muchas ganas, lee un capítulo al día y termina con su ejercicio práctico. Estoy seguro de que tendrás la tentación de saltarte esto y pasar a la siguiente página. Lucha contra ello. Haz la práctica sin prisa, y guarda en tu mente y en tu cuerpo lo que hayas ido procesando, descubriendo y sintiendo.

Camina, atento y dispuesto, con mente y corazón, para recibir lo que esté preparado para ti.

LA PREGUNTA

Guíame, Misterio, por el Camino eterno.

REY DAVID

Decía Einstein que, si estuviera ante la última hora de la existencia del mundo, pasaría cincuenta y cinco minutos haciéndose preguntas y, en los últimos instantes, intentaría responder alguna. Einstein era un genio en el campo de la física, pero frases como estas me hacen admirarlo como al gran artista de *performance* que era.

Hacerse preguntas es una cosa maravillosa; dejar de hacerse preguntas, por el contrario, peligroso. Esto es aún más cierto cuando nos adentramos en la dimensión espiritual de cada uno. Comenzar con una pregunta y, en muchos casos, acabar con otra no debería asustarnos, sino motivarnos. Ese momento en el que te preguntas «¿Por qué reacciono así cuando me siento rechazado?» y, en el ejercicio de la introspección, llegas a revisar dinámicas pasadas, presentes y futuras que enlazan de forma casi mística las heridas de tus padres, las tuyas y las de tus hijos... Es increíble. O cuando te preguntas, con una claridad inspiradora, «¿Cómo puedo estar seguro de haber experimentado a Dios de verdad? ¿Será que estoy loco?». ¡Gloria bendita! Y, por si tienes resquicios de incerteza, déjame decirte que no, no estás loco; vas bien. Sigue adelante.

Una de las claves más importantes que he descubierto en el Camino es ser fiel y honesto con uno mismo. Como ya se ha mencionado, la mentira no puede ayudarnos, y el autoengaño tampoco. Para ello, el mejor aliado posible siempre será la pregunta leal e incondicional. La pregunta es la llave que abre muchas puertas del mundo espiritual y resulta esencial en el Camino. Preguntas como «¿Qué pienso yo sobre esto? ¿Cómo de satisfecho estoy con mi vida? ¿Quién quiero ser? ¿Cómo me hace sentir esto?» me ayudan a reconocer mi propia realidad, pensamientos y emociones. Son una herramienta para conocerme y reconocerme, incluso en mis propias dudas o suposiciones.

Desde muy joven, en la mente del Josué niño comenzaron a brotar muy pronto algunas preguntas sobre el Misterio: «¿Por qué el Dios de mis padres? ¿Qué hay del Dios de mis amigos musulmanes? ¿Y del dios-ateo de los otros?». Las preguntas siempre me ayudaron a penetrar más profundo. Las preguntas revelan contradicciones y desafían respuestas simplistas: «¿Por qué? ¿Por qué de esta manera? ¿Quién ha dicho eso? ¿Cuáles son las alternativas?».

Hace unos días hablaba con unos amigos que habían sufrido lo que ellos consideraban una gran injusticia. Dudaban sobre cómo responder ante ella. Les pregunté: «¿Cuál es el objetivo de esto que queréis hacer?». Esta pregunta es importante cuando reacciono a lo que me sucede: ¿qué quiero obtener con mi acción? Las preguntas también me ayudan a comprender mis propias motivaciones. A veces, al reflexionar sobre mis intenciones, reconsidero mis acciones. Fue lo que ocurrió con mis amigos: no querían responder con venganza al mal recibido; sin embargo, las acciones que estaban considerando tomar los encaminaban hacia ella. Si las afirmaciones contundentes acortan la vida de las conversaciones, las preguntas garantizan su existencia, y con ella, la de todos los seres humanos. Muchas de estas reflexiones no solo se aplican a tu conversación interna, sino también a cualquier tipo de conversación con las personas que nos rodean. Las preguntas de otros, y las nuestras, si estamos abiertos, van a desbloquear cosas que no esperábamos (o que desconocíamos). Muchas de las preguntas sobre las que escribo en este libro no las he pensado en el vacío existencial o en la soledad de la casa del campo en Genilla, sino que son fruto de muchas conversaciones sinceras y abiertas a lo largo de muchos años con amigos que no siempre pensaban como yo.

Recuerdo con mucho cariño conversaciones con Adrián, mi primer compañero de piso como estudiante en Ciudad Real, con Paula antes de ser novios, y con cada invitado e invitada que he tenido hasta ahora en *El Cafetal*, entre tantas otras. Cada una de esas preguntas me ha ayudado a seguir vivo en el Camino.

Práctica

Desde hace ya un par de años, comienzo el día con una serie de preguntas. Tengo un diario sencillo en el que cada mañana escribo cómo me siento al levantarme, qué cosas harían de mi día un buen día, alguna cosa por la que estoy contento y una pregunta sobre la que meditar en el transcurso de la jornada.

Las preguntas son un cable a tierra. En medio del estrés y realidad virtual que a veces vivo dentro del mundo digital, necesito volver a poner mi mente en el mismo lugar en el que están mis pies. «¿Cómo te sientes hoy?», «¿Qué quieres hacer hoy?», «¿Por qué estás agradecido?», «¿Cuál es tu pregunta del día?». Para responder la última pregunta, me gusta meditar sobre las enseñanzas de Jesús que me ayudan a regenerar nuevas preguntas todos los días. Después de esos cinco minutos mientras me tomo el café, la vida tiene otro color. Te animo a que, de la manera en la que más te ayude, incorpores esta liturgia a tu día, por la cual parar, hacer preguntas, agradecer y escuchar antes de actuar, quizá, en piloto automático.

La curiosidad es parte del Camino hacia el Misterio.

No dejes de hacerte preguntas.

Celebra cuando descubras algo.

Y, sobre todo, recuerda que la duda no es una amenaza, sino una oportunidad.

LA POBREZA

Plenos y felices los pobres de espíritu.

JESÚS DE NAZARET

Prometo que es la última vez que comienzo un capítulo con una reflexión de Einstein, pero es que hay que reconocer que el físico judío era muy sagaz. En 1936, Einstein respondía a la carta de una niña que le preguntaba si los científicos rezaban. En ella, el científico respondía: «Todo aquel que participe seriamente de la investigación científica está convencido de que en las leyes del universo se manifiesta un espíritu, que es inmensamente superior al del ser humano, y frente al cual nosotros, con nuestras modestas capacidades, debemos sentirnos humildes».

La pregunta tiene algo de sobrenatural. Nos recuerda, de una manera profunda, lo que somos: humanos. La pregunta tiene el poder de confrontar al ser humano con su pequeñez y recordarle que no es tan grande como a veces se siente, mostrándole que no tiene todas las respuestas y que su entendimiento es siempre limitado. Además, a nivel personal, cuando me interrogo con sinceridad, las preguntas me enseñan que no soy el cambio que anhelo ver en el mundo, que tengo sombras que no quiero ni mirar, que muchas veces hago lo que no quiero hacer y que, todos los días, siento la imperante necesidad del abrazo divino. Este proceso ha sido esencial para reconocer mi pobreza espiritual y la necesidad de guía y ayuda de Dios en mi vida. Reconocerme «pobre de espíritu» es, sin duda, fundamental en el Camino.

«Bienaventurados los pobres de espíritu porque el reino del cielo les pertenece [...], los de limpio corazón, porque ellos verán a Dios».[106] Hay una verdad que trasciende el espacio y el tiempo en estas palabras. Los pobres de espíritu habitan con Dios al aceptar que no son autosuficientes, que necesitan algo más allá de sí mismos. En cambio, de alguna manera, **el Misterio parece ocultarse a quienes se creen ya completos y autosuficientes, quienes creen que se lo merecen todo, incluso a Dios mismo**. De hecho, las únicas personas con las que Jesús no fue inclusivo fue con los religiosos orgullosos —los «ricos de espíritu»—, aquellos que no reconocían su pobreza espiritual, que nunca veían en sí mismos la necesidad de transformación ni se abrieron a algo mayor. En el Camino, necesito comprender mi pobreza de espíritu para atisbar algo del Misterio. Así, cultivando una espiritualidad de pobreza interior, de vulnerabilidad humana y de brillo inocente como el de un niño, puedo vislumbrar esa puerta de entrada que me invita a pertenecer al misterioso reino del cielo.

En cada episodio de *El Cafetal*, me gusta cerrar meditando con el invitado/a sobre unas palabras de Jesús de Nazaret.

---

106. Mateo 5, 3, 6.

Las que elegí para el primer episodio con mi querido Ignacio Crespo fueron estas que quiero compartir contigo: «Dejen que los niños vengan a mí. ¡No los detengan! Pues el reino de Dios pertenece a los que son como estos niños. Les digo la verdad, el que no reciba el reino de Dios como un niño nunca entrará en él».[107]

Los niños son sencillos y transparentes; muchos no han sufrido las heridas, los desencuentros, los desamores y rupturas con amistades que afectan a los adultos, y no tienen una necesidad tan fuerte de aparentar, protegerse y controlar. Un niño tiene hambre y, de manera primitiva, busca a su madre; se siente triste, se bloquea por no saber expresar sus emociones, y llora. Es en esa vulnerabilidad, humildad, sencillez y apertura de los niños donde se encuentra lo esencial para ver a Dios. Dice Henri Nouwen: «En la escucha espiritual encontramos a un Dios que no puede ser comprendido plenamente, descubrimos realidades que no pueden ser controladas, y caemos en la cuenta de que nuestra esperanza radica, no en la posesión de fuerza, sino en la confesión de la debilidad».[108]

El Camino no es para los que se creen ricos de espíritu, ni para quienes piensan que han ganado a Dios, ni para quienes creen tener todas las respuestas, ni para quienes establecen quiénes están dentro y quiénes fuera. El Camino es para quienes se reconocen como niños.

---

107. Lucas 18, 16-17.
108. Nouwen, H., *Dirección espiritual*, Sal Terrae, Santander, 2019, p. 31.

Si te acercas al Misterio sabiéndote infante, el Misterio te transforma en caminante.

La metáfora más poderosa de esto la encontramos en el nacimiento precisamente del autor de estas palabras. El nacimiento de Jesús en la ciudad de Belén está lejos de ser un nacimiento glamuroso y de alto confort. Ya te digo que María no habría subido la foto tras el parto a Instagram; su hijo vino al mundo en un pesebre. Y es precisamente la falta de ostentación y la evidente pobreza de la escena lo que tanto me conmueve. En vez de un palacio, el lugar fue un pesebre, como si fuera la antesala de su mensaje y una encarnación del verdadero Camino para ver nacer el Misterio.

En un papel sobre su mesa, hallado tras su muerte, se encontraron sus últimas palabras escritas: «Todos somos mendigos. Esa es la verdad».[109] Estas fueron las últimas palabras de Martín Lutero.

La banda de rock argentino Rescate aborda este concepto en un villancico que me conmueve profundamente y que alude a la pobreza interior y al pesebre: «Este niño tiene que nacer y no encuentra sitio».

En esta sencilla frase del comienzo de la canción, señalan una verdad particular de una familia en el siglo primero que, sin embargo, resuena universalmente con todos los seres humanos. Para ver nacer el Misterio se necesita un corazón sincero y humilde. La canción culmina con la frase que le da nombre: «Este niño nacerá hoy en mi corazón pesebre». Al escucharlo,

---

109. Fitzer, G., *Lo que verdaderamente dijo Lutero*, Aguilar, Madrid, 1972, p. 192.

pensé: «Ahí está la clave». Ver mi pobreza interior, reconocerla y habitarla son la antesala del misterioso nacimiento divino. Hoy sé que mi corazón es más pesebre que palacio, y, con ello, que tengo una senda por delante rociada de crecimiento, mejora y aprendizaje; sé, también, que estoy listo para vivir el nacimiento de Dios una vez más.

Práctica

Te invito a meditar durante un minuto sobre cada una de estas preguntas que tienen vinculación con el concepto de «pobreza». Puedes usar un cronómetro si te ayuda.

1. Piensa en tu mundo interior, tu corazón o tu yo profundo. ¿Cómo lo percibes? ¿Te sientes más cerca del palacio o del pesebre? ¿De qué formas el pesebre despierta en ti cierta resistencia o rechazo? ¿Qué pensamientos y sentimientos surgen en tu interior?
2. ¿Qué hay en ti que pueda impedirte reconocer tu pobreza espiritual y caminar hacia Dios?

Con estos interrogantes espero ayudarte, en primer lugar, a mirar dentro de ti para ver qué grado de pobreza espiritual (que ya sabes que nada tiene que ver con algo peyorativo) crees tener; y, en segundo lugar, a que esto te lleve a reconocer los pasos por recorrer que se te muestran. Si así fuere, este niño nacerá hoy.

LA PENITENCIA

Todos necesitamos al menos un lugar
donde podamos arrodillarnos y besar el suelo.

YALAL AD-DIN MUHAMMAD RUMI

La pobreza espiritual del ser humano lo impulsa a entregarse a algo que pueda recogerle en medio de su necesidad interior. Esta entrega —como la describe el poeta y místico sufí Rumi: «arrodillarse y besar el suelo»— tiene su manifestación de manera multiforme cuando observamos al ser humano. Lo he visto en amigos totalmente enfocados en su coche, su rutina de Crossfit, su pareja o sus hijos; y también la he experimentado en mi propia vida a través del deporte, los estudios o mis creencias. Por desgracia, ninguno de estos objetos de devoción resultó lo bastante elevado o incondicional como para arrodillarme y besar el suelo.

Las culturas nativas, las escrituras hindúes, Buda, Moisés, Mohammed... todos vieron muy pronto en la historia humana esa pobreza espiritual y manifestaron de diferentes formas «la necesidad de morir». Es muy intuitivo en nuestra experiencia humana: dejar ir algo más pequeño para que otra cosa más grande pueda surgir. Esto no es religión, esta es una verdad universal. Y, como ocurre con toda verdad universal, Jesús de Nazaret la toma y la lleva a su plenitud.

«Niégate a ti mismo, toma tu cruz y sígueme».[110]

Este llamamiento sigue conmoviendo, confundiendo y empujándome a partes iguales. En él, el Nazareno muestra que la religión de abajo arriba no funciona. La idea de escalar, subir y conseguir méritos nos agota y deshumaniza, y nos conduce a prácticas moralizantes y divisorias. **El verdadero lenguaje es desaprender, dejar ir, descender, soltar, arrepentirse; es estar para otros.** Por eso, Jesús propone una religión descendente, que comienza con el negarse a uno mismo: reconocer mi incapacidad, mi falta de respuestas, mi insuficiencia para ser la transformación que anhelo e incluso mi propia maldad. Lo sorprendente (y sobre todo misterioso) es que en la renuncia encuentras la anhelada conexión con el mundo, con todas las criaturas y con Dios.

En ese «dejar ir» está tu propósito, y en esa «cruz», tu destino.

Evidentemente, negarse a uno mismo y tomar la cruz no suena tan atractivo como el crecimiento personal que venden algunos coaches en redes sociales, y que, en algún caso, lo hacen incluso con sus mansiones y sus «lambos». Pero, en el fondo, tú también sabes que ahí no está lo que en realidad andas buscando.

En la negación a uno mismo, en ese *dejar ir*, hay una dimensión innegable de reconocimiento de la incapacidad, de abandono y de cambio profundo. Implica no solo saber que

---

110. Mateo 16, 24.

no llego por mis propios medios, sino también que no voy por el Camino adecuado, y que necesito restauración y ayuda. Como ya he dicho antes, las ideas tienen consecuencias; las palabras crean realidades. Lo que piensas sobre la vida afecta profundamente a la forma en la que vives. Pienso que quien se sabe enfermo y desea vivir busca un médico, y quien se sabe pobre de espíritu y anhela vida eterna busca a Dios.

Esta fase ha sido llamada históricamente «arrepentimiento». Por desgracia, este concepto, tan arraigado en Occidente como parte del paquete cristiano, ha llevado a demasiadas personas a la culpa, «la mala penitencia» y al castigo.

Pero ¿tiene sentido todo esto a la luz de la llamada del Nazareno? La respuesta es «sí»... y «no». No, al menos, en el sentido más popular del término, que tal vez estés pensando tú, cargado de castigo o autoflagelación. Sin embargo, vale la pena comprender cómo hemos llegado a esta interpretación. Curiosamente, la palabra «arrepentimiento» o «penitencia» nos viene del siglo IV, cuando san Jerónimo tradujo la palabra al latín como *paenitentia,* que hoy interpretamos como «arrepentirse» o «hacer penitencia». Con todo, como ya adelantaba, en castellano este concepto no parece reflejar de forma completa lo que el Maestro quiso decir.

Cuando Jesús emplea la palabra *metanoeite*[111] –un imperativo plural, un mandato dirigido a la multitud– está pidiendo un cambio de mentalidad. Literalmente, *metanoeite* deriva de las raíces griegas *meta* («más allá») y *noia* («mente»), que se

111. Ver ejemplos en Mateo 3, 2 o Marcos 1, 15.

traduce como «más allá de la mente» o «cambio de mente». Es decir, el Maestro invita a una *metanoia*, un replanteamiento en el modo de pensar, una transformación profunda de las creencias y valores. Así que, en su verdadera esencia, *metanoia* implica en mayor grado una transformación interior que una flagelación exterior. El llamado de Jesús no era una confesión superficial ni un simple acto exterior, como decir «Dios, siento haber hablado mal de mi compañero de trabajo», para luego, en el siguiente descanso, volver a criticarlo en voz baja. Eso sería tan ridículo como suena. Jesús hablaba de una transformación en mente y corazón que alcanzara las intenciones y motivaciones más profundas del ser humano. *Metanoia* es un cambio fundamental en la mente, en la cosmovisión y en el procesamiento humano de su realidad; es un despertar radical de la conciencia. Y solo como consecuencia natural de esta transformación interior del movimiento colateral vendrá un cambio externo en el comportamiento. El problema con la connotación tradicional de la palabra «arrepentimiento» (o *mala penitencia*) es que te lleva a fijarte en lo externo, en el comportamiento visible, sin entender que el cambio real ocurre en lo secreto, en lo profundo, en la mente y conciencia de la persona. La historia nos muestra una y otra vez que, al enfocarnos primero en lo externo, la tentación de forzar, castigar y premiar es demasiado fuerte, y busca conformidad en lugar de verdadera transformación. Y, en contraste, como la ola que golpea una y otra vez sobre aquellos que están en la orilla, Jesús llama a una renuncia interna diciendo: «Niégate, toma tu cruz y camina conmigo». Su enseñanza ponía el énfasis en el cambio interior y en la pureza de intenciones, rechazando la idea de imponer cambios mediante cualquier tipo de lapidación o castigo social, o premio o gloria pública (Mateo 6, 1-8). En las biografías antiguas de Jesús, no hay momento en el que obligue a alguien a modificar su conducta si esa persona no está dispuesta a abrir su mente y su corazón a un cambio interior. Ni siquiera una pequeña sugerencia o atisbo de forzar a alguien a dejar de vivir como deseaba, a seguir el Camino si no estaba dispuesto a entregarse completamente abrazando la verdadera transformación, la *metanoia*.

La penitencia en el Camino no trata de culpas y remordimiento que se purgan en una rutina de perdón superficial (véase: pidiendo perdón equis veces y regresando por el mismo camino por el que viniste), sino en un sendero de transformación en el que tu mente se abre a ser simbiotizada y transformada por el Misterio. Naturalmente, esta transformación interior se traduce en cambios visibles, pero lo que de verdad cambió no fue tu dirección, sino tu percepción de la realidad. En los primeros discípulos de Jesús, esto significó una profunda renuncia y sacrificio (Mateo 4, 22; Marcos 1, 20). No obstante, para otros como el joven rico, el gobernador romano Pilato o el sumo sacerdote judío Caifás, la falta de una verdadera *metanoia* —transformación de su ser— los llevó a rechazar el Misterio, cooperando con el mal y el egoísmo que habían decidido no abandonar. Este parece ser el otro camino alternativo.

Si al leer esto piensas: «Josué, veo mi pobreza y necesidad de Dios, pero ¿qué hago?». *METANOEITE*. Este llamado parece implicar al menos tres cosas esenciales: reconocer tus sombras y limitaciones, asumir responsabilidad —incluidas las consecuencias de tus acciones, es decir, hacerte cargo de tu mal— y abrirte a recibir la transformación interior. No es un ejercicio de castigo y culpa perenne; todo lo contrario, es el camino del alma que, después de vagar buscando la paz, finalmente descansa.

¿Sabes cuál es la palabra que acompaña a *metanoia* en el mensaje de Jesús? *Pistis.*[112] La penitencia viene acompañada de la confianza. La penitencia real es mucho más que cambiar de opinión o creer cosas nuevas sobre Dios: es despertar a una nueva conciencia. En este proceso de reconocer mi maldad y abandonar mi ego, surge un renacimiento. La manifestación de esta nueva conciencia es una expresión renovada en mis acciones y decisiones, no como resultado de una obligación, sino como una expresión auténtica de una mente y corazón renovados y asentados en una confianza plena. ¿Fueron las decisiones las que cambiaron? No, fue tu conciencia la que renació con una confianza nueva.

El que hace penitencia de manera consciente, después, simplemente camina confiado.

Un ejemplo de *metanoia*, o penitencia, lo encontramos en la historia de Zaqueo, un hombre judío muy despreciado en el siglo primero en la zona de Judea. Odiado con razón, también te diré, ya que trabajaba como recaudador de impuestos para el Imperio romano, aquel que había ocupado su tierra natal. Zaqueo se había hecho tremendamente rico a costa

---

112. *metanoia* + *pistis* = «arrepentíos y creed» (Marcos 1, 15).

de sus compatriotas, cobrando impuestos abusivos y extorsionando a muchos. El momento crucial en su historia y en su penitencia ocurre cuando se encuentra con Jesús. En ese encuentro, Zaqueo escucha las palabras del Mesías, reconoce su incapacidad y necesidad de Dios, admite el mal y el abuso económico que ha causado a mucha gente, y asume su responsabilidad, comprometiéndose a reparar el daño. Dice: «Si estafé a alguien con sus impuestos, le devolveré cuatro veces más».[113] Aunque el cambio de Zaqueo ocurrió en lo privado, el resultado fue visible para todas las personas que vivían cerca de él.

La transformación ocurre en lo secreto; el premio se recoge en lo público.

Este hombre despertó. Zaqueo cobró conciencia de una realidad más profunda y real que la que antes conocía. Esta transformación de su mente trajo consigo el movimiento de perdón y restauración que necesitaba. En ese preciso momento, Zaqueo recibió y caminó.

---

113. Lucas 19, 8.

Práctica

Encuentra un lugar silencioso en el que estar a solas. Las capillas o parroquias siempre me parecen un sitio idóneo para esto. A mi mujer, por su parte, le encanta el mar.

1. Siéntate o arrodíllate cómodamente. Toma aire profundo por la nariz y suéltalo con lentitud por la boca. Comienza con una breve conversación en tus propias palabras pidiendo a Dios que abra tu corazón y te ayude a ver tu realidad y tus propias sombras. Guarda silencio durante, al menos, un minuto.

2. Reflexiona sobre tus palabras, acciones o pensamientos más recientes. Examínate. Esta pregunta puede ayudarte: «¿Qué hice o dejé de hacer que siento que me alejó de la paz, del amor y del perdón?». Permanece, no huyas. Siente el peso de los errores que vengan a tu mente, no para juzgarte, sino para reconocer su impacto en los demás, en ti y en Dios.

3. De manera sencilla, reconoce tu error: «Dios, me arrepiento de [...]. Perdóname».

4. Como último paso, recibe el perdón divino y cobra conciencia de él en tu propia vida. Puede que te ayude reproducir una canción que sientas que trae paz a tu ser, leer un salmo o encender una vela. Hazlo como forma de cierre y visualización del cambio de mente que se ha operado en ti.

El objetivo de esta práctica es ayudarte a experimentar la gracia y el perdón divino al reconocer tu error. En el Camino ya no hay más culpa ni temor, el error quedó atrás; tú caminas hacia algo nuevo.

EL AMOR

> Aprender a estar bien con uno mismo vale más que cien mil discos, que una suite presidencial en el Hilton. Más que *toa* la plata junta que has visto. Mucho más, más que un par de millones en cripto.
>
> RECYCLED J

Por último, las preguntas te ayudan a conocerte y a reconocer tus virtudes y tus sombras; indispensable para amarte. Este caminar es difícil porque exige hacer frente a realidades que nadie disfruta afrontando. **La gran mentira moderna es que podemos enfrentar nuestras sombras solos.** Necesito personas que me amen y me impulsen, y un mano amiga que me levante.

«Ama a tu prójimo como a ti mismo».[114]

El Camino sigue por amarse a uno mismo. A veces se olvida que «amar al prójimo como a uno mismo» exige un buen amor a uno mismo. Si te maltratas, ¿amarás a tu prójimo como a ti mismo? Dios te libre.

Parte esencial del Camino es amarte bien a ti mismo, paso previo a poder amar bien al prójimo, ya que lo amarás como a ti mismo. Pero amarse bien es difícil cuando conoces y re-

---

114. Mateo 22, 39.

conoces en el espejo detalles que no quieres que estén. A su vez, amarse es imposible sin conocer esos detalles que no te gustan, porque no se puede amar de verdad aquello que no se conoce; y si no me conozco bien, mi amor será siempre superfluo. El Camino implica conocimiento, aceptación y amor, y esto puede ser algo tortuoso y complejo. De hecho, fíjate en que, si en la parte del camino anterior se necesitaba humildad y entrega, aquí vas a necesitar fe, mucha fe.

Carl Jung insistió en que dentro de cada ser humano hay una parte (un arquetipo de Dios) que lo impulsa hacia una vivencia más plena de la vida aceptando la realidad tal como es (lo Real). ¿Cuál es el camino hacia esa plenitud para Jung? El reconocimiento de mi lado oscuro, que debe ir acompañado de compasión y perdón. Para el suizo, en contraposición, el enemigo de este progreso es la «perfección moral» que, al ser siempre falsa, lo que esconde es una negación de la debilidad interior que todo ser humano tiene. El psicoanalista afirmaba que conseguir esta conciencia salía muy caro, porque el ser humano prefiere intentar tapar su lado oscuro a través de la negación, la moralización, la adicción o la proyección. Hablando de su propio camino, Jung escribió: «Mi progreso como peregrino ha consistido en bajar mil escaleras hasta que finalmente pude extender una mano de amistad al pequeño terrón de tierra que soy».[115] A estas alturas, varias cosas deberían sonarte familiares en esta pequeña

---

115. Jung, C. G., *The Jung-Adler Letters, Vol. 1*, seleccionadas y editadas por Gerhard Adler, Princeton University Press, Princeton, 1972.

cita. La primera, el reconocimiento de su propia limitación y pobreza entendiéndose como terrón de tierra. La segunda, la sensación de profundización, similar a un minero que pica la piedra cada vez más adentro en la mina. Y finalmente, esa mano amiga que te rescata en tu momento más débil como representación gráfica de amor profundo hacia uno mismo. Maravilloso camino.

Es imposible una espiritualidad plena sin una verdadera compresión de uno mismo, sin picar piedra o evitando el sufrimiento y el sacrificio que requiere descender a las profundidades de mi ser, de tu ser. Hay algo espiritual y místico en ese proceso. Tu propio descubrimiento humano es descubrimiento de Dios. A esta conclusión llegaron san Agustín, santa Teresa o el propio Jung. Descubrirse a uno mismo es descubrir el Misterio. Decían Kepler y Newton que, conociendo el mundo natural, descubrían el Misterio. Así pues, descubriendo el humano natural que soy yo, descubro el Misterio también. Y es en ese descubrimiento donde hallo en mí el lado oscuro del que hablaba Jung, que necesita que lo miren con compasión, que necesita que lo perdonen; y que, sobre todo, que lo iluminen. Sin embargo, no creo que haya humano capaz de realizar semejante hazaña solo dispuesta para los dioses. Por eso, reconocerme pecador[116] es esencial para poder aceptarme y perdonarme. No en mis fuerzas, que no las tengo, sino en las del mismísimo Dios que ya me vio, me aceptó y me

---

116. «Pecador»: alguien de baja conciencia, alguien que no camina bien o humano que no es lo que debería ser; alguien que se sabe con necesidad del Misterio.

perdonó. Verme a mí mismo en Dios trae la luz que mi lado oscuro necesita.

Negar mi oscuridad me somete. Aceptarla me transforma.

Amarse de verdad es amarse bien. En ese sentido, admitir que uno necesita el perdón divino no es amarse poco o mal, más bien todo lo contrario, ya que, en efecto, lo necesita. Dice el sacerdote franciscano Richard Rohr: «La fe en su esencia es aceptar que eres aceptado. No podemos aceptarnos por completo sin aceptar la aceptación radical de Dios de cada una de nuestras partes».[117] Desde este lugar, tarde o temprano, parafraseando a Jung, **sé que podrás tenderte una mano de amistad a ti mismo**.

Parafraseando a Khalil Gibrán: «Y Él dijo: ama a tu enemigo, y yo le obedecí y me amé a mí mismo».

Finalmente, me gustaría abordar la pregunta: ¿qué hago con el prójimo? Amarlo, amarlo bien. Tomo prestadas las palabras del escritor ruso Fiódor Dostoievski en el padre Zósima de su novela *Los hermanos Karamázov,* porque mías las siento: «Procure amar a sus semejantes de modo activo e infatigable. A medida que haga progreso en el amor, se convencerá de Dios y de la inmortalidad del alma. Y si llega al sacrificio completo en el amor al prójimo, entonces, indudablemente, creerá y ninguna duda podrá hacer mella en su alma. Esto es cosa probada, es seguro».[118] Por si fuera poco, Zósima añade

---

117. Rohr, R., *The Universal Christ: How a Forgotten Reality Can Change Everything We See, Hope For, and Believe*, SPCK, Londres, p. 29.
118. Dostoievski, F., *Los hermanos Karamázov*, traducción de José Laín Entralgo, Penguin Clásicos, Barcelona, 2015, p. 116.

más tarde: «Amad a todas las criaturas de Dios en su conjunto [...], amad todas las cosas. Si amas cada cosa, conocerás en ellas el secreto de Dios».[119]

Poco tengo que añadir a un texto de semejante sabiduría y belleza, salvo la voluntad de ponerlo en práctica. Si amas todo, encontrarás e Misterio en todas las cosas. Hagámosle caso.

Práctica

He pensado en esta práctica como refuerzo de un concepto tan poderoso como el «amor».

1. Dedica un minuto para estar en silencio, tomar conciencia de tu propia presencia y respirar profundamente. A continuación, lee despacio el siguiente texto: «Tú eres mi hija/o amada/o. En ti me deleito».[120]

2. Si alguna palabra llama tu atención, préstale especial interés.

Vuelve a depositar tus ojos en él, y piensa en el significado de ese texto para ti. ¿Qué significan estas palabras para mí hoy? ¿Cómo se aplican a mi vida? ¿Qué quiere mostrarme el Misterio con esto? ¿Qué quiere Dios mostrarme de mí mismo?

3. Responde. En el sitio en el que estés, con lo que haya en

---

119. *Ibid.*, p. 490.
120. «Tú eres mi Hijo amado, en ti me complazco» (Lucas 3, 22).

tu mente y corazón. Inicia la conversación sin reparo, durante el tiempo que la situación te reclame. No tienes prisa, no la hay. Agradece por lo que no veías y ahora has visto.

4. Quédate en silencio durante un par de minutos. Cobra conciencia de lo que se ha movido en ti. Y retén la sensación que eso te provoca. Por último, termina el ejercicio con una respiración profunda.

Este mismo ejercicio puedes realizarlo exactamente igual, pero tomando otro texto corto.

En conclusión:

> —Creo que todos deben, lo primero de todo en el mundo, amar la vida.
>
> —¿Amar la vida más que a su sentido?
>
> —Justamente, amarla más que a la lógica, como tú decías, que se halle siempre por delante de la lógica, y solo entonces comprenderé su sentido.[121]

Amando a las personas que te rodean y sus propias vidas, el Misterio se hará real, se hará carne y hueso para ti.

---

121. Dostoievski, F., *Los hermanos Karamázov*, traducción de José Laín Entralgo, Penguin Clásicos, Barcelona, 2015, p. 367.

LA ROCA

Cayó la lluvia, vinieron los torrentes,
soplaron los vientos y azotaron la casa; pero no se cayó,
porque había sido fundada sobre la roca.

JESÚS DE NAZARET

El objetivo del Camino no puede ser otro que el de la Vida con mayúsculas, la plenitud de la existencia. Jesús de Nazaret usó muchas metáforas e ilustraciones para hablar de la vida plena, pero hay una que me reta especialmente.

«Por tanto, cualquiera que oye estas palabras mías y las pone en práctica, será semejante a un hombre sabio que edificó su casa sobre la roca; y cayó la lluvia, vinieron los torrentes, soplaron los vientos y azotaron aquella casa; pero no se cayó, porque había sido fundada sobre la roca. Y todo el que oye estas palabras mías y no las pone en práctica será semejante a un hombre insensato que edificó su casa sobre la arena; y cayó la lluvia, vinieron los torrentes, soplaron los vientos y azotaron aquella casa; y cayó, y grande fue su destrucción».[122]

Es fácil hacer un agujero en la arena. Si has ido a la playa de niño, lo sabes. Con todo, la arena no es el mejor lugar sobre el que construir tu casa, por esa misma razón. Lo que es fácil

---

122. Mateo 7, 24-27.

de construir, suele ser fácil de derribar. Construir sobre la roca es costoso, muy costoso. No sé si has tenido la experiencia de picar en una, pero exige mucho esfuerzo y sacrificio, hay que sudar mucho y trabajar duro para avanzar escasos metros. Además, no vale cualquier tipo de herramienta. Tienen que ser herramientas con una alta dureza, porque van a sufrir mucho desgaste, e incluso rotura, durante el proceso (probablemente harán falta varias para terminar el trabajo). Y, por si fuera poco, recuerda que cuanto más grande quieres tu casa, más hay que picar y más profundo hay que llegar. ¿Por qué usaría Jesús una metáfora como esta? No es amigable, y mucho menos agradable, al avecinar dureza en el camino. Abrazar el Misterio acercándote como un niño puede que sea sencillo, pero el siguiente paso no lo es tanto. Enfrentar el mal, reparar el daño y construir sobre la roca implica abrazar nuevos retos. Abrir un hueco en la arena sería fácil; sin embargo, el Maestro invita a cavar y cavar más profundo en la roca para construir la realidad. Si antes teníamos reconocimiento, arrepentimiento y responsabilidad, el Camino no termina ahí, porque ahora sumamos esfuerzo y sacrificio. Quizá puedes pensar que, si el Camino es difícil, prefieres no hacerlo. En este caso, te diría que ¿por qué tendría que ser fácil? ¿Por qué deberíamos esperar que la comunicación y cohabitación con el Misterio del universo fuera algo sencillo? En segundo lugar, te diría que lo pienses un poco más, porque casi todas las cosas que merecen la pena, las que perduran y son virtuosas en la vida, son difíciles. Todos sabemos que una buena comunicación asertiva, empática, vulnerable y emocionalmente responsable es difícil, muy difícil; pero también es absolutamente transformadora. Mantener un buen trabajo es difícil. Tener buenos amigos es difícil. Tener una relación de pareja duradera es muy difícil. No obstante, vale la pena recordar que tener un mal trabajo también es difícil. Tener malos amigos o no tenerlos es difícil. Y enfrentar la soledad indeseada de no tener pareja es muy difícil. Caminar es difícil, pero no hacerlo, también. Elige tu difícil.

Construir la casa sobre la roca es difícil. Construirla sobre la arena también lo es. Elige tu difícil.

Del mismo modo que es tremendamente útil construir, confieso que celebro mucho el proceso de deconstrucción de muchos amigos y amigas, hermanos y hermanas, así como el mío propio. En estos últimos años he tenido desencuentros y descubrimientos desagradables, he leído más de lo que habría esperado sobre abuso espiritual y corrupción religiosa, pero algo que siempre he intentado recordarme a mí mismo ha sido que el objetivo del Camino es vivir en una casa sobre la roca. No fuimos llamados a ser caminantes sin techo. Nadie deconstruye una casa, revisando los cimientos y regalando el mobiliario por el placer de la deconstrucción, sino con el objetivo de reformarla, restaurarla y, por fin, construir algo nuevo. En otras palabras, la deconstrucción no puede ser el destino, sino el medio. El Camino nos conduce hacia el progreso espiritual, no hacia su destrucción o muerte.

Deconstruye para construir, no para vivir entre escombros.

En los procesos de cuestionamiento y reformas, se pueden perder de vista detalles importantes. En primer lugar, cuando estoy deconstruyendo necesito saber que estoy en medio de nubes de polvo y andamios que probablemente no me dejen ver las cosas con claridad. Ahí necesito definirme menos y dialogar más. Además, tener personas que sean un lugar seguro con las que expresarme sin miedo al castigo o la cancelación será fundamental para seguir caminando. Y, por último, debo recordar dónde están mis muros y pilares de carga. Como decía en la primera parte, dudar de todo es impracticable. Más aún cuando estoy tirando muros y revisando cimientos, porque necesito saber qué cosas no son cuestionables, cuáles son mis incondicionales. ¿Por qué? Porque hay cosas que no queremos golpear ni dañar en el proceso. Un ejemplo muy sencillo de mi propio hogar: quizá yo quiero hacer un salón-comedor diáfano en mi casa, que se vea bonito y genere amplitud y luminosidad. Puedo comenzar la reforma y decirle al responsable de la obra que lo haga, pero este me contestará: «Josué, esas dos columnas y esa pared no los puedes tirar». Pero ¿por qué? Porque sin ellas, se te cae el techo encima. Es una observación simple, pero hay que hacerla. Con esta sencilla metáfora quiero trasladar que es una mala idea deconstruir sin tener absolutos a los que aferrarte, porque sin darte cuenta puedes pasar de la deconstrucción a la demolición y, ahí, estás jodido.

«Cayó la lluvia, vinieron los torrentes, soplaron los vientos y azotaron aquella casa; pero no se cayó, porque había sido fundada sobre la roca».

Decir «Mi casa está construida sobre Dios, que es la Roca eterna» huele increíble, pero ese plato hay que catarlo en la mesa. Se enfrentará al examen cuando surjan preguntas sin respuesta, cuando descubra contradicción en mi propia fe o en la de los que me rodean. Es en esas circunstancias donde se prueba la solidez de las palabras.

¿Qué puede suponer picar piedra y cavar profundo? A nivel mental no conozco a nadie que no le haya implicado leer, estudiar, cuestionar y saber en qué confiar o no. De la misma manera, en muchos casos implicará no conformarse con los moldes establecidos porque sus medidas te aprietan, sus prácticas te agotan o sus conceptos teológicos se volvieron simplistas y fríos. Cada una de esas fases será confusa y agobiante. Sigue cavando. Si la roca es Dios, errores en la forma de vida o en la teología no son enemigos, sino nuevas herramientas con las que volver a picar la piedra. Hay que seguir cavando.

Práctica

1. Toma una hoja de papel y dibuja de manera sencilla una casa. Lee y responde estas preguntas anotando algunas ideas sobre el suelo, las paredes, las ventanas y los techos de tu casa. ¿Sobre qué dirías que está construida tu casa hoy? ¿Cómo es de estable? ¿Cuáles son tus incuestionables o absolutos que gobiernan tu vida? ¿Qué cosas no te permites sacrificar?

2. Cuando hayas terminado, dale la vuelta al papel y dibuja de nuevo otra casa sencilla, de dimensiones y formas similares. Esta no es tu casa actual, sino la de tus sueños. ¿Cuál sería su suelo o cimiento? ¿Cómo de estable es? ¿Cuáles serían los incondicionales de esa vivienda? ¿Qué cosas no podrías sacrificar si vivieras en ella? Tómate tu tiempo, lo tienes.

3. Una vez que termines, contrasta las dos casas. Observa e identifica las diferencias. ¿Qué habría que cambiar, reformar y deconstruir de tu vivienda actual para transformarla en la segunda?

Las conclusiones son tuyas.

LA ATENCIÓN

Debemos preguntarnos «a qué prestamos atención» para saber quiénes somos.

JANET SOSKICE

Ahora, desde la roca, puede que estés leyendo convencido de cavar, pero a su vez con una pregunta inquieta sobre el Misterio. ¿Cómo se lo escucha? ¿Cómo puedo conectar y seguir la voz del viento de la que has hablado en estos capítulos? Me alegro mucho de que estés aquí. La siguiente historia te ayudará con eso. Seguimos en el camino.

«Y Moisés apacentaba el rebaño de ovejas de su suegro Jetro; y condujo el rebaño al corazón del desierto, y llegó al Sinaí. Y Dios se apareció en una llama de fuego, en medio de una zarza; y Moisés miró, y he aquí, la zarza ardía en fuego, y la zarza no se consumía.

»Entonces dijo Moisés asombrado: "Me acercaré ahora para ver esta maravilla: por qué la zarza no se quema". Cuando Dios vio que él se acercaba para mirar, lo llamó desde el medio de la zarza y dijo: "¡Moisés, Moisés!". Y él respondió: "Heme aquí"».[123]

---

123. Éxodo 3, 1-4.

Vuelve a leer el texto, pero ahora más despacio y prestando atención a cada uno de los detalles, por pequeños que parezcan. Hazlo las veces que haga falta. Cuando te sientas preparado/a, continúa.

Recuerdo perfectamente el día que Paula me habló de este texto, allá por febrero de 2021. Había estado estudiándolo y cuando me contó algunas de las cosas que le habían sorprendido, me atrapó. Nunca lo había mirado de esa manera.

Meses atrás había escrito un ensayo para el máster sobre el rol de la atención en la práctica de la espiritualidad, pero nunca antes había prestado atención, nunca, mejor dicho, a ese texto tan conocido de la zarza ardiente. Porque sí, la atención desempeña un papel crucial en la interacción misteriosa de Moisés. Contextualicemos. Te encuentras ante uno de los momentos más icónicos de la Biblia hebrea, donde Moisés va a ser llamado desde el profundo desierto a regresar a las tierras egipcias que lo vieron nacer. El punto es que, mientras realizaba su trabajo como pastor, Moisés ve una zarza ardiendo. En la zona del Sinaí, debido a las altas temperaturas y la escasa humedad, no es raro encontrar zarzas que ardan. Ese acontecimiento no es sorprendente, sin embargo, a pesar de arder, la zarza no se consumía, y eso sí que era extraordinario. Para Moisés es un día normal dentro de su rutina de pastor con las ovejas. Ha transitado caminando por esas tierras muchas veces en busca de alimento para el rebaño, y la vida del desierto no le sorprende porque la conoce, está habituado al entorno en el que vive. Gracias a su experiencia y conocimientos, Moisés está preparado para detectar lo extraordinario, lo anómalo o milagroso a su alrededor.

Cada uno tiene una serie de rutinas y escenarios que se repiten. Seguramente no sean el desierto, ni las ovejas, ni las zarzas que arden. Quizá tenga que ver más con conducir, ir a la oficina, cocinar, entrenar, navegar en redes sociales o ver series o la televisión. En tu rutina, tus zarzas.

Cuando hablo con personas que se sienten inseguras con la idea de Dios y de explorar el Camino, me gusta preguntarles qué les haría falta para ello. Suelen contestar con milagros ostentosos, que, honestamente, creo que estarían más cerca de generarles trauma que de transmitirles seguridad. La interacción de Dios con Moisés se da en el día a día, en lo cotidiano. Moisés no tiene que irse a un templo en la India o al Amazonas a un ritual chamánico con peyote para conectar con Dios. Dios quiere conectar con el ser humano en medio de su normalidad. Y menos mal, porque si el encuentro divino tuviera que producirse en lugares tan recónditos, volveríamos a tener un Dios solo disponible para aquellos que pudieran pagarlo. Moisés no hace otra cosa que vivir su día prestando atención a lo que ocurre a su alrededor. En la actualidad, esto no es poca cosa. Siendo honesto, a veces me cuesta salir veinte minutos a la calle con Taco sin mirar el móvil. ¿Podría haberme cruzado veinte zarzas que no se consumían en el último año sin darme cuenta? Moisés parece que no, porque está lo bastante atento a su entorno, aunque sea repetitivo y habitual, como para ser capaz de percibir lo extraordinario que acontece entre lo cotidiano. Moisés miró, se asombró y se acercó. Tres cosas son las que hace Moisés: mira, se asombra y se acerca. Fíjate que todos estos verbos están mediados por la atención.

Sin atención no hay mirada ni asombro ni encuentro divino.

Cada día más personas sufren dificultades para hacer cosas que hace años serían superestimulantes, como ver una película o un documental. ¿Por qué? Porque los niveles de dopamina que generan en el cerebro son notablemente inferiores a los que generan los videojuegos, Instagram, TikTok o la pornografía, plagados todos ellos de recompensas inmediatas; y, como consecuencia, se aburren o se duermen. He observado más de una vez cómo en el cine hay personas jóvenes que son incapaces de ver la película completa sin encender el móvil una o varias veces; y te aseguro que no estaba viendo cine sueco o francés, era puro Hollywood, que suele ser un estímulo XXL *per se*.

La filósofa Janet Soskice considera que la atención tiene una dimensión espiritual muy grande por su estrecha relación con la identidad humana. Para ella, la atención es una especie de espejo del corazón humano, porque los seres humanos valoran aquellas cosas que atienden. Soskice escribe: «Debemos preguntarnos "qué amamos", "a qué prestamos atención", para saber quiénes somos».[124] Es decir, ¿quieres conocer a alguien? Observa a qué presta atención. O, mejor aún, ¿quieres conocerte mejor? Observa a qué atiendes.

Puede que todo esto te suene demasiado complicado o

---

124. Soskice, J. M., *The Kindness of God: Metaphor, Gender, and Religious Language*, Oxford University Press, Oxford, 2007, p. 199.

que pienses que prestar atención de manera consciente y a todo lo que ocurre a tu alrededor es algo estresante y agotador. La realidad parece ser todo lo contrario. Lo que se antoja que nos genera una gran cantidad de estrés y agotamiento es vivir de manera automática, respondiendo a todo estímulo que nos llega, sin identificar ni jerarquizar lo verdaderamente importante, y, en última instancia, sin definir nuestro estándar para movernos hacia nuestro propósito, lo que hace que nuestro destino esté en manos de otros poderes e inercias que no son los nuestros.

Práctica

Prueba a estar cinco minutos (puedes ponerte una alarma en el móvil) mirando por la ventana, sin consultar tu móvil o en un parque que tengas cerca, sin escuchar música y solo. Observa lo que ocurre. Mira a la gente que pasa, los sonidos que percibes, los olores, los colores... todo aquello que llega a tus sentidos.

Más tarde, vuelve a estar otros cinco minutos (con alarma también), pero esta vez viendo Instagram o TikTok. Deja que el algoritmo te guíe.

¿Cómo te sientes después de cada uno de estos intervalos de cinco minutos? ¿Qué fue más difícil? ¿Qué te produjo mayor sensación de cansancio y agotamiento al terminarlo? ¿Con qué actividad sientes que conectaste mejor contigo mismo, con tu cuerpo, emociones y pensamientos? Si te hubiera tocado interactuar con otra persona después de estos minutos, ¿cómo crees que habría afectado una y otra situación? Es probable que compartamos pareceres respecto a estas conclusiones. En mi caso, puedo asegurarte que, tras cinco minutos en silencio observando el mundo, la mirada sobre este estará más despejada, más abierta a la sorpresa, y que, a la hora de interactuar con otras personas, serás más compresivo, menos reactivo y más empático.

De manera más concreta con el tema de este libro, el Misterio, me asusta darme cuenta de que en muchos momentos he sucumbido a la tentación de vivir «drogado» consumiendo dopamina instantánea y con el piloto automático, incapaz de percibir lo misterioso que ocurre a mi alrededor. Por eso, quizá con más relevancia hoy que en el pasado, si Dios me estuviera hablando, ¿cómo podría estar haciéndolo? Si Dios te estuviera hablando en tu vida diaria, ¿cómo lo podría estar haciendo? Y, por último, pensando en tus zarzas, si hubiera zarzas misteriosas (que las hay) en tu caminar diario, ¿te darías cuenta? ¿Si ardiera una de tu entorno la verías consumirse?

Presta atención, escucha y siente, dentro y fuera.

Presta atención a la naturaleza.

Presta atención a las personas que te rodean.

Presta atención a las palabras de Jesús, que están en este libro y en el Libro.

LA DISPOSICIÓN

Mi corazón, pájaro del desierto,
ha encontrado su cielo en tus ojos [...]
Ellos son el alba en los que reposa mi ser.

RABINDRANATH TAGORE

En el último capítulo de la primera parte pudiste ver la fe de María. Claramente, la *pistis* presentada por la nazarena contrastaba mucho con la de algunos famosos ateos que, lejos de estar abiertos al descubrimiento y al Misterio, vivían del todo cegados. Algo muy reseñable de María es su disposición para recibir el Misterio, su apertura a que su vida sea plena y llena, aunque eso traiga consigo el desierto.

Algo que me ha sorprendido mucho sobre la disposición del ser humano para recibir a Dios ha sido la clara incapacidad de algunas personas que tenían extensos conocimientos acerca de Él para reconocerlo. Y es que tener un alto conocimiento de Dios no siempre fue sinónimo de un conocimiento personal y transformador de ese mismo Dios. Si miras otra vez el evento histórico Jesús de Nazaret en el siglo primero, observas esto mismo. El Misterio llega a la Palestina del momento y las personas que más sabían sobre Dios no solo no lo reconocen, sino que acaban asesinándolo. Esto es duro. ¿Por qué no reconocieron y recibieron a Dios los que más sabían sobre

Él? En varios momentos de las biografías de Jesús, tanto los romanos como los religiosos judíos admiten no tener delitos con los que imputar al Maestro. Y, aun así, siendo completamente inocente, el nazareno es condenado por las máximas autoridades tanto de la Iglesia (Jerusalén) como del Estado (Roma) a muerte por crucifixión (aquella que solo se reservaba para los peores criminales). Breve recordatorio para el Camino: los mayores poderes de mi tiempo (religiosos, políticos, etcétera) pueden errar, hasta el punto de conspirar contra el movimiento del Misterio divino.

Si, como yo, te ves como religioso en mayor o menor medida, no des por sentado que hablar de Dios siempre implique seguir su movimiento. Mucha gente hoy me confiesa tener dificultades para percibir y recibir a Dios en contextos religiosos donde los ritos y los dogmas parecen ser una frontera con lo sagrado. Obviamente, esto no debería ser así, ya que el objetivo de la dogmática y la liturgia fue siempre ayudar al ser humano a conectar y detectar ese preciso movimiento. Y, por esa razón, considero de valor una revisión de estos si, en efecto, no están cumpliendo su objetivo.

Durante mi etapa de estudios en Oxford, me sobrevino esta idea y me turbó sobremanera. Yo sabía muchas cosas de Dios, había pasado mi niñez escuchando hablar de Dios, sería de ese 0,1 % del planeta que más sermones escuchaba (con una frecuencia de cuatro o cinco veces por semana hasta mis veinticuatro años), había leído y estudiado los libros sagrados, pero ¿conocía y reconocía yo a Dios? Por supuesto que sabía muchas cosas sobre Dios, pero...

Saber no es sinónimo de conocer.

Conocer exige, como viste en María, una actitud agradecida, abierta, entregada y empática. Conocer también implica experimentar: «De oídas te había oído; mas ahora mis ojos te ven»,[125] transformando aquello que se sabía en esto nuevo que ahora sé conocer. Yo no quiero ser como esos líderes religiosos que sabían mucho sobre Dios, pero no recibieron el Misterio. Hoy quiero ser como María, quizá sabiendo menos, pero inclinando todo mi ser para recibirlo.

125. Job 42, 5.

Práctica

Cuando uno habla, trae cosas a la existencia, y es que la palabra confiere a todo un cariz más sólido, y, a un mismo tiempo, íntimo. Ninguna práctica de disposición mejor que la verbalización de esa misma cosa, que el hecho de acompañar mi voz interior y mi conciencia con las palabras que corresponden.

Eso justo te propongo aquí: una oración o un rezo sencillo pero profundo. Si estás dispuesto a recibir, haz, sin miedo, tuyas estas palabras.

Dios, hazme más como María.

Ayúdame a prestar atención a lo que me rodea como Moisés.

Derrama esa sensibilidad para distinguir tu voz de la del resto de las cosas que me susurran.

Dame el coraje y la valentía para perseguir la verdad hasta donde esta me lleva, la libertad.

Tuya es mi disposición.

EL MOVIMIENTO

> Lo mismo que las canciones, los pájaros y los alfabetos.
> Si quieres que algo se muera, déjalo quieto.
>
> **JORGE DREXLER**

En mi segunda estancia en Genilla para escribir, ocurrió algo inesperado. Una de las gatas del campo había dado a luz a tres gatillos superbonitos: dos negras y uno gris. En uno de mis paseos diarios vi algo raro en el camino. Al acercarme me horroricé, habían atropellado a la madre. Al instante vino a mi cabeza una preocupación grande por los gatillos. Al volver a la casa, en mi puerta estaba Jara (así la bauticé), de color negro, la más pequeñita de los tres. A partir de ese momento comenzó mi historia como padre de acogida de felinos. De manera natural, mi preocupación por el bienestar de los gatos se tornó en amor y este, en complacencia. A su vez, ya no era yo y mi escritura lo único que importaba de mi estancia. Ahora tenía a unas criaturas a mi cargo. O eso pensaba yo. Ahora, en mi tercera estancia, mientras escribo estas palabras, no sé bien si yo estoy cuidando de ellos o ellos de mí. Cada mañana, al abrir las puertas de mi casa, vienen a que los reciba y los deje entrar. Mientras desayuno y preparo el día, andan saltando, jugando y trepando por mis piernas. De ahí pasan a un maullar más continuado, hasta que después de ducharme me siento en el sillón de escritura y ellos se hacen un hueco entre mis piernas para reposar, ronronear y dormir. Lo habitual para mí es pasar de una actividad a otra; de leer a hablar, de entrenar a ver una película, de amigos a trabajo... sin espacio para el aburrimiento o el «no hacer nada». Sin embargo, estos momentos diarios con los gatos me han ayudado a parar y contemplar. No puedo escribir con ellos encima y no puedo estar con el móvil, porque dentro de la casa no me llega internet. Así, lo que me queda es acariciarlos, contemplarlos, habitar el silencio, meditar y estar con mis pensamientos, para, al final, y solo al final, poder conducirlos todos a Dios.

Algo tremendamente difícil para escuchar a Dios es el exceso de actividad y, por tanto, la falta de silencio. La prisa y el sinfín de tareas trae mucho ruido físico, mental, emocional y espiritual. La naturaleza, de pronto, se convierte en nuestra mejor aliada ante esta pandemia de estímulos multiformes. El campo, la playa o los animales son puertas que ponen la atención sobre otra cosa fuera de nosotros, son caminos hacia la conexión y el descanso. Doy las gracias al Misterio por el movimiento que han traído a mí Jara, Uva y Cielo. Me agradezco también a mí mismo la disposición de recibir el movimiento y el deseo de que este me transforme. Gracias.

En palabras de Cruz Cafuné: «Dios se mueve en silencio, yo me muevo con Él».

Como ya se anticipaba en el capítulo del amor, el movimiento del Amor viene desde arriba y va hacia abajo. Es el

Misterio el que derrama amor sobre todo lo que existe y hace posible que este fluya por todos los individuos que están en el Camino. Desde este misterioso amor puede nacer el amor propio, que es canal para un amor al prójimo con aspiración divina. El movimiento es siempre iniciado por el Misterio. La labor humana es identificarlo y seguirlo.

El movimiento siempre lo inicia Dios; yo simplemente tengo que reconocerlo y recibirlo.

Aunque he de admitir que ese «simplemente» no es tan simple. Reconocer el movimiento (en algunas tradiciones se le ha llamado «discernimiento») es un arte que desarrollar y un don divino que recibir.

Comenta mi amigo y pastor Andrés Pérez que «puede sonar muy osado y pretencioso decir que somos capaces de escuchar la voz de Dios siendo gente normal, como tú y como yo», y concluye «pero me parece más pretencioso y peligroso vivir esta vida sin escuchar la voz de Dios». Estoy de acuerdo con que «escuchar» el Misterio suena pretencioso, pero también con que si, en efecto, está hablando, no escucharlo sería seguramente más que peligroso.

Encuentro una gran inspiración en la vida de Elías, un viejo profeta hebreo, cuyo camino estuvo marcado por la soledad, la violencia y una certera sensibilidad al movimiento.

«Mientras Elías estaba de pie allí, Dios pasó, y un viento fuerte e impetuoso azotó la montaña. La ráfaga fue tan tremenda que las rocas se aflojaron, pero Dios no estaba en el viento. Después del viento hubo un terremoto, pero Dios no estaba en el terremoto. Pasado el terremoto hubo un incendio, pero Dios no estaba en el incendio. Y después del incendio, el susurro de una brisa apacible. Cuando Elías lo oyó, se cubrió la cara con su manto, salió y se paró a la entrada de la cueva».[126]

Puede que te estés preguntando qué hay de especial en este texto. Que el profeta lleva muchos años en el Camino, percibiendo y siguiendo el movimiento. Curiosamente, en el Camino, Elías ha reconocido el movimiento de forma muy clara a través del fuego o de la fuerza de la naturaleza con grandes vientos, lluvias y tormentas.[127] No obstante, en esta ocasión, aunque todos esos elementos pasados están muy presentes, Elías sabe que el Misterio no se está moviendo en ellos. Esto me parece absolutamente abrumador: Dios no estaba en el viento, ni en la naturaleza, ni en el fuego; aunque Dios indudablemente había estado ahí antes para él. Elías había visto el misterioso movimiento en la fuerza de la naturaleza, en la tormenta y en el fuego, pero su sensibilidad hacia él es lo bastante fina como para saber que ese día estaba siendo diferente. El movimiento no vino como el día anterior, vino como vino. Podía haber sido como otras veces, pero vino en silencio, como una brisa apacible; y Elías lo siguió. Al igual que hizo Moisés al reconocer el movimiento, Elías cubrió su cabeza. Este sí es el lugar en el que arrodillarse y besar el suelo. El profeta no se cubrió la cabeza con el fuego, ni con el viento ni con el terremoto: lo hizo al escuchar el silencio.

---

126. 1 Reyes 19, 8-13.
127. El movimiento con un fuego (1 Reyes 18, 38), en un gran viento y una gran tormenta (1 Reyes 18, 45).

Cuando percibes el movimiento, humildemente hay que parar y acogerlo.

No sé si estás familiarizado con la vida de campo. Mi familia por parte de madre es de campo y mi abuelo, que en paz descanse, lo trabajó extensamente. Algo que hizo durante su vida fue abrir varios pozos. En su momento, esto me llamó la atención, porque, al parecer, abrir un pozo no es para nada un trabajo sencillo. Y no lo es porque no se puede saber a ciencia cierta dónde hay agua ni la calidad de esta (y mucho menos hace más de cincuenta años). En el proceso tienes que mirar bien, contratar un equipo que te ayude a hacer una primera perforación y, si las sensaciones son positivas, como último recurso, hay que hacerlo y probar. Puede que no se consiga a la primera y haya que repetir la operación en distintas localizaciones hasta conseguir el tan apreciado pozo que traiga vida al hogar, los cultivos y los animales.

Curiosamente, el Camino tiene muchas similitudes con este proceso de los pozos. En la práctica espiritual también hay que sondear en busca del agua de Vida, la que quita la sed. Hay que tantear, hay que explorar y, en última instancia, hay que abrirse y probar. De manera similar, no todos los pozos tienen la misma cantidad y calidad de agua, y ninguno puede usarse de forma ilimitada. Asimismo, en el Camino hay pozos que proporcionan agua durante un tiempo y, cuando comenzamos a percibir su sequedad, toca moverse para abrir otro. Como siempre, recordando que el movimiento lo inicia Dios. Elías fue un pionero en esto de abrir pozos, de percibir y buscar el movimiento que trae Vida. Caminó y en el camino vivió el movimiento de diversos pozos. Y, como ya apuntaba, supo distinguir el Movimiento de los movimientos cuando distintas aguas sonaban a la vez.

Algo que preguntarme a mí mismo es: ¿dónde está el movimiento? ¿Dónde está el Misterio activo ahora mismo en mi vida, en mi familia o en mi comunidad? En mi caminar, he disfrutado de agua en lugares en los que hoy solo hallo desierto, y está bien. Digo «está bien» sin ningún tipo de soberbia, porque me ha costado mucho estar en paz con ello. Hoy, a Dios gracias, puedo escribir que esto es parte del Camino. Puede que mis padres cavaran pozos que llenaran de Vida sus casas y que yo tenga que cavar otros para hacer de las mías también manantiales. Como digo: es parte del Camino y está bien. En medio de los mares, valles y desiertos, espero caminar en paz sabiendo que hay un Agua Viva que nunca se seca y siempre quita la sed. En esa misma Agua, se bautizó la Tierra y mi tierra. A veces la beberé del pozo de mis padres y abuelos; otras de nuevas excavaciones hechas por mis hermanas y hermanos o por mí; y otras, sin más que aportar que mi sorpresa, cual géiser brotará de la tierra el movimiento que Dios sabe que necesito para no perecer en el Camino.

Práctica

El movimiento también requiere de pausa. Así que abrimos un paréntesis a esta invitación.

1. Encuentra un lugar en el que poder estar tranquilo y a solas. Una vez en él, adopta una posición en la que te sientas cómodo. Cierra los ojos y toma tres respiraciones profundas.
2. Trae a tu mente algo que hayas vivido recientemente: puede ser un encuentro con alguien, un pensamiento, un recuerdo, un sueño o una emoción. Una vez lo tengas, hazte estas preguntas: «¿Cómo me hizo sentir?», «¿Qué trajo a mi ser?», «¿El movimiento trajo consigo una sensación de paz y alegría o, más bien, de tensión y desasosiego?».
3. Escucha tus pensamientos. Medita sobre este movimiento. ¿Hacia dónde te lleva? ¿Es un movimiento que te acerca o que te aleja del Misterio? ¿Hubo algún tipo de evolución en las emociones o los pensamientos antes y después del Movimiento?
4. Por último, agradece. Dedica este último instante para agradecer el movimiento de Dios en tu vida. Da las gracias por lo que has percibido y por aquello de lo que no habías sido consciente hasta ahora.

EL CAMINO

Aquello que buscas también te busca a ti.
Pero primero debes pedirlo, abrir tu corazón y llamar.

YALAL AD-DIN MUHAMMAD RUMI

Cuando finalmente cobras plena conciencia de que el movimiento siempre lo inicia Dios, el Camino se comienza a disfrutar de otra manera; porque, entre otras cosas, aparecen el agradecimiento y el descanso. Agradezco saberme receptor del amor divino y descanso al entender que solo tengo que recibirlo. Esto conduce de forma inevitable a un movimiento en cadena, porque ahora eres tú el que, sabiendo que puedes recibir, comienzas también a pedir libremente.

Una vez más, las palabras de Jesús se hacen eternas: «Pedid, y se os dará; buscad, y hallaréis; llamad, y se os abrirá.

Porque todo el que pide recibe; y el que busca halla; y al que llama se le abrirá».[128] El que pide Misterio recibe Misterio; el que busca Misterio encuentra Misterio; y el que llama a la puerta recibe la bienvenida del mismo Misterio que, mucho tiempo atrás, venía en su busca. Me gusta la forma en la que lo expresa Rohr diciendo: «Pedir es abrir el conducto desde

---

128. Mateo 7, 7-8.

tu lado. Tu petición solo está secundando el movimiento. El primer movimiento siempre fue de Dios».[129]

La invitación está abierta para ti cada día. El Misterio te invita a pedir y recibir su perdón, amor y movimiento; aquí, ahora y siempre.

«Al que tenga sed le daré a beber gratuitamente del agua de la Vida».[130]

El elefante y la hormiga

Para este último apartado, quiero traerte una fábula que me encanta y que hará las veces de práctica, junto con las preguntas formuladas a lo largo de las siguientes líneas intercaladas con mis propias reflexiones.

Un rey reunió a un grupo de hombres ciegos y les mostró un elefante. A cada uno le permitió tocar una parte diferente del animal. Luego les preguntó qué habían percibido.

129. Rohr, R., *The Universal Christ: How a Forgotten Reality Can Change Everything We See, Hope For, and Believe*, SPCK, Londres, p. 80.
130. Apocalipsis 2, 6.

El primero tocó el costado del elefante y dijo: «¡Ah, ahora sé! El elefante es como un muro sólido».

El segundo tocó una de las patas y exclamó: «No, es como una columna».

Otro tocó la trompa y dijo: «¡Están equivocados! El elefante es como una serpiente».

Otro tocó la oreja y dijo: «Es como un abanico enorme».

Otro más tocó la cola y dijo: «¿De qué están hablando? El elefante es como una cuerda».

Entonces comenzaron a discutir, cada uno creyendo que su percepción era la correcta. El rey se rio y dijo: «Estos ciegos, cada uno aferrado a una pequeña parte de la verdad, discuten y debaten en vano».[131]

Probablemente ya habías leído o escuchado alguna de las variantes de esta fábula originaria de la India y con diversas adaptaciones en tradiciones religiosas orientales. Tómate unos segundos para meditar sobre esta historia. ¿Qué piensas de ella? ¿Qué te provoca?

Desde mi punto de vista, es extraordinaria porque aúna simpleza y profundidad. La moraleja parece ser sencilla: todos los ciegos decían la verdad, pero ninguno sabía toda la verdad. La realidad es mucho más compleja de lo que un único ser humano puede percibir. En relación con toda la idea del Misterio, los seres humanos son ciegos cuando intentan des-

---

131. Ireland, John D., *Udana: Verses of Uplift* – Udana (6.4), adaptación del Sutra budista, Wisdom Publications, Boston, 1997.

cribir a Dios. Es demasiado pretencioso afirmar que alguien tiene toda la verdad de Dios, ya que su visión, como propias, es siempre sesgada, subjetiva e incompleta. Son muchas las cosas que se podrían decir de esta historia, pero expresaré las dos que más llaman mi atención.

La primera es una pregunta: ¿quién es el rey o narrador de la historia? La historia funciona muy bien porque hay ciegos, pero no todos lo son. El narrador de la historia, el rey, puede verlo todo. Esto siempre me pareció problemático, porque es una historia que habla del ser humano en general como alguien con visión parcial y subjetiva, mientras que el narrador de esta tiene una visión completa y objetiva de la realidad. Es decir, todo pensador y religioso de la historia es ciego, pero el rey no. Eso es raro, ¿no te parece? Suena más pretenciosa la visión del narrador sobre la historia de las religiones del mundo que las afirmaciones absolutas de estas mismas. La segunda es que creo que la historia logra encapsular algo que todo ser humano siente en lo profundo de su ser. Si Dios existe, es demasiado grande, demasiado incomprensible, demasiado inteligente, demasiado elefante, en resumen. Recuerdo cómo en el debate del pódcast *The Wild Project* el mismo Jordi decía que la mente de Dios y la del ser humano «no se podrían ni comparar».

Desde el momento en el que cobraste conciencia de tu existencia, comenzaste a hacerte preguntas, como aquellas sobre las que has estado navegando y pensando a lo largo de este libro. «¿De dónde vengo?», «¿Adónde voy?», «¿Cómo vivir una vida plena?», «¿Qué es lo Bueno?», «¿Existe Dios?», «¿Cómo acceder a lo divino?»... La respuesta atea materialista, tristemente, no parece tener respuesta para ninguna de estas preguntas. Al igual que yo, seguro que quieres disfrutar de una vida plena y completa donde vivir la realidad tal como es, no un sucedáneo o una verdad parcial. Has podido contemplar cómo a lo largo de la historia una gran cantidad de personas han entendido que esta realidad misteriosa de Dios aparece no solo como algo atractivo, sino también como algo fundamental para creer, sentir y pensar. Existe la trascendencia, lo espiritual, lo Otro, que es mucho más grande que nosotros, pero, a la vez, parte de nosotros. Sin embargo, tu mente y mi mente son demasiado limitadas para ni siquiera soñar con comprenderlo. Cuanto más estudio, más imposible se me manifiesta la concretización del Misterio. Todo intento humano de encapsular a Dios es, de base, incompleto.

Por esta razón, Guillermo de Ockham (1287-1347) decía que demostrar la existencia de Dios era, *de facto*, imposible, porque para demostrar algo necesitamos usar premisas que sean más claras y evidentes que la conclusión. No obstante, afirmaba el franciscano que no hay nada en la creación que sea más evidente que Dios mismo. Por esto, no podemos demostrar la existencia de Dios usando algo que sea más claro que Él.

Para Ockham, los argumentos filosóficos o evidencias racionales, por mucha fuerza que pudieran tener, no podían demostrar lógicamente la existencia del Misterio. Él sostenía que la razón podía llevarte a conclusiones favorables sobre la existencia de Dios o sobre ciertas cuestiones morales, pero, al final, si deseas conocer el Misterio, necesitas que el propio Misterio se te revele directamente. En otras palabras, los misterios del Misterio eran demasiado misteriosos como para que el ser humano pudiera descubrirlos por sí mismo. ¿Qué solución daba el propio franciscano? Que el mismo Misterio hiciera conocidos sus misterios de una manera comprensible para que el ser humano pudiera entenderlos.

Imagínate por un momento que yo quisiera tener una relación real con las hormigas. ¿Cómo podría hacerlo? Podría mandarles ondas sonoras comprensibles para ellas a través de las cuales decirles que existo y las amo. Podría incluso mandar hormigas profetas para que predicaran y les hablaran de mí. No obstante, en todas ellas encontraría dificultades por la amplia diferencia cognitiva que nos separa, lo que daría lugar a innumerables definiciones y percepciones sobre mi persona. ¿Habría alguna otra manera más satisfactoria? Por supuesto que sí. Josué Moreno podría *hormigamizarse*, adoptando la forma y las limitaciones propias de una hormiga; y, desde esa condición, comunicarles quién soy y qué siento por ellas de una forma que les fuera comprensible: en su idioma, con su carne y dentro de su cultura. Esto mismo piensa Ockham que ha ocurrido con el Misterio de la humanidad. El filósofo cree que el ser humano no necesita andar a ciegas intentando descubrir cómo es el gran elefante, porque el Misterio se ha *hormigamizado* con el fin de revelar aquello que los humanos no podían descubrir por sí mismos. Es decir, el Misterio no es imposible de descubrir, ya que su revelación no depende de la capacidad humana para descubrirlo, sino del propio movimiento de Dios para ser descubierto. Me fascina cómo Keller explica la encarnación del Misterio en uno de sus libros, al decir: «Lo ideal se hizo real, lo absoluto se ha hecho particular y lo invisible es ahora visible»[132] alterando por completo la historia con el propósito de que los seres humanos pudiéramos conocerlo.

«Yo Soy». Para un judío del tiempo de Jesús, esta formulación, «Yo Soy», era una referencia clara y directa a Dios mismo (solo Dios hablaba así). Esta es la afirmación que Jesús de Nazaret hace de sí mismo, «Yo Soy».[133] Con esto, Jesús dice ser el gran Elefante que da vista a los ciegos para que puedan conocerlo sin palpar ni imaginar. Dice ser el humano que se *hormigamiza* para que todas ellas puedan reconocerlo y conocerlo. Dice ser el Misterio que se materializa para que todo ser humano pueda confiar y vivir. Nunca ningún líder religioso se había visto a sí mismo como Jesús se veía. Jamás un pensador habló de sí mismo como el Camino espiritual, la Vida plena o el Perdón en carne y hueso. El nazareno sí lo hizo, y por eso siempre captó toda mi atención. Porque, si por un momento resultara que no era quien afirmaba ser, estaría ante alguien peligroso: bien fuera por estupidez o por malicia. En cualquiera de los casos, no sería alguien a quien seguir, sino a quien abandonar sin dudarlo.

Sin embargo, mi experiencia fue opuesta. En sus palabras encontré Verdad, en sus acciones el Camino, y en su muerte, hallé la Vida.

---

132. Keller, T., *Navidad escondida*, Andamio, Barcelona, 2017, p. 57.
133. «Antes que Abraham fuera, Yo Soy» (Juan 8, 58); «Si no creéis que Yo Soy, moriréis» (Juan 8, 24); «Yo Soy... "la vid verdadera" (Juan 6, 36), "la luz del mundo" (Juan 8, 12), "el buen pastor" (Juan 10, 11), "la resurrección y la vida" (Juan 11, 25), "el camino, la verdad y la vida" (Juan 14, 6), "la vid verdadera"» (Juan 15, 1).

EL FINAL

Sí, el título de este apartado es un *teaser* en toda regla. Y el tacto y grosor de las páginas que sostienes en tu mano derecha, también.

Quiero confesarte algo. A veces siento que la llamada de Jesús se parece más a la de los yoguis de la India que a la de muchos seminarios cristianos occidentales. Los primeros, lejos de sentar a sus discípulos en aulas y explicarles las creencias, viven su devoción religiosa diaria en silencio, mientras sus discípulos los siguen. Esto se realiza durante años, de tal forma que, sin haber intercambiado palabra con su maestro, caminan y viven como él. Si muchos seminarios hoy enseñan qué pensar y, quizá en demasiados casos, qué no pensar (ya que imagino que podría ser muy peligroso que no salieran pensando como ellos); el contraste con Jesús es inmediato: «Sígueme». Camina conmigo. Sé como yo. Ora como yo. Medita como yo. Trata a la gente como yo. Ama a tus enemigos como yo. Comprométete con la justicia y con los pobres y enfermos como yo. Toma tu cruz y tu sufrimiento, del mismo modo que yo tomo el mío. «Yo soy el Camino».[134]

Lo sé, puede que esperases para este cierre (o quién sabe si para el libro en sí) una presentación de axiomas y postulados lógicos que, de ser entendidos y con un buen grado de exactitud confirmados y creídos, te llevaran a convertirte a una determinada creencia. Véase una buena presentación del argumento cosmológico, el ajuste fino y resurrección histórica de Jesús de Nazaret, que concluyera de manera natural en tu conversión. Pero déjame expresar que esto no funciona así, porque en Dios no se cree: con Dios se compromete. **Dios no es una idea que creer, es el incondicional con el que comprometerse.** Dios es el Misterio, el Bien, el absoluto; por el que vivir. Dios no puede ser fruto de un descubrimiento meramente racional ni una experiencia mística, como tampoco lo es la relación con tus amigos o familiares. Incluso en las mentes más racionales hace falta emprender el movimiento, levar anclas, abrir las puertas... ¡casarse, leches! Dios tampoco puede ser un elemento que añadir a mi sopa de creencias. Dios no es algo que creo o no como cualquier otra teoría, ni un elemento cultural. El Misterio es la roca sobre la que se construye la casa. Dios es espíritu del saber, el fundamento de la existencia, lo trascendente de la moral, el Amor que nos conecta y nos impulsa, y la esencia que hace posible la mera idea de vivir la vida. Así pues, en Dios no hay que creer: a Dios hay que entregarse plenamente, en cuerpo y alma. Por

134. Juan 14, 6.

eso pienso que creer en Dios no es suficiente; de hecho, la fe nunca será suficiente.

La fe como creencia no mueve montañas, pero como incondicionalidad las desencadena.

A lo largo de este libro has podido conocer muchas de las razones que han llevado y siguen llevando a muchas personas a confiar en el Misterio para entender el mundo y, sobre todo, para vivir la vida. De igual modo, espero que a través de los ejercicios prácticos hayas podido explorar de manera sencilla tu propia dimensión espiritual y tus infinitas capacidades para acercarte a ella. La confianza incondicional en el Misterio es lógica, coherente y necesaria. Y aun con todo esto, seguiré pensando que el planteamiento de Blaise Pascal es de los más acertados que he leído en mi vida. En uno de sus pensamientos escribe: «En la fe hay suficiente luz para aquellos que quieren creer y suficientes sombras para cegar a los que no quieren».

La confianza no es una fórmula o demostración matemática, es, valga la redundancia, una confianza. En la confianza hay muchos grises. En las certezas hay elementos que atraen y otros que repelen. Hay sensibilidades. Hay mucha disposición y predisposición. De hecho, como la misma neurociencia ha comprobado, no hay mejor ingrediente para el desencuentro que una mirada recelosa que busca el mal y la segunda intención. ¿Sabes por qué? Porque el sesgo de confirmación hará que la encuentre. Como ya sabes, «el que busca halla».

Déjame preguntarte antes de terminar. ¿Qué buscas tú? Puedo garantizarte que hay oscuridad suficiente como para cegarte, pero estoy convencidísimo de que siempre habrá mucha más luz para hacerte descansar en la casa de Dios eternamente.

En su artículo «¿Es la teología poesía?», C. S. Lewis escribía: «Creo en el cristianismo como creo que el Sol ha salido: no solo porque lo veo, sino porque a través de él veo todo lo demás».[135]

Era obsesión lo que el profesor Alister McGrath tenía con esta cita. Era rarísimo que no terminara cada una de sus clases de Ciencia y Religión en Oxford con esta famosa frase de Lewis. En su momento, mientras recibía sus clases, me parecía algo sorprendente e incluso perezoso por su parte, dada la cantidad de citas literarias que existen en el mundo. Hoy, siento que cuanto más me acerco a esta realidad del Misterio, más me acerco también a Alister y a su misteriosa obsesión.

Creo en el Misterio no solo porque lo veo, sino porque a través de él lo veo todo.

Amigo, amiga (si estás leyendo estas últimas palabras, siento que ya puedo llamarte así), este breve espacio juntos se acaba. No quiero despedirme sin darte las gracias. Gracias de corazón por haber confiado en mí. Más gracias aún si leyendo conectaste conmigo. Gracias. Quiero cerrar pidiendo por ti.

---

135. Lewis, C. S., «Is Theology Poetry?», en *The Weight of Glory*, HarperCollins, Londres, 1941.

Deseo que el Misterio te bendiga y te guarde, y haga resplandecer su Luz sobre ti. Pido que las preguntas te sigan ayudando a conectar contigo y con el resto. Que no dejes de verte como pobre de espíritu, y que tu realidad te lleve a confesar al único que puede darte el perdón que necesitas. Ruego que el Amor inagotable te inunde y que no dejes de picar esa roca sobre la que existes. Por favor, que **tu atención esté en lo que arde y no se consume, dentro y fuera de ti**. Que tu corazón y mente estén dispuestos a recibir. Y, sobre todo, que sea tu movimiento uno en amoroso silencio, para que siempre, siempre, te muevas con Dios. El Elefante y la Hormiga siempre irán delante de ti. Amén.

El Camino que has empezado te ayudará a tomar conciencia del Misterio, y esto, lejos de colocarte en la cima de la montaña, te permitirá visualizarte donde verdaderamente estás, en el Principio.

Como te dije en las primeras páginas del libro:

Tus pasos los creas tú.

Tu vida la ofreces tú.

Tu fe la descubres tú. Y viceversa.

El Camino no precisa de nada más que eso: tus pasos, tu corazón y tu fe.

Yo Soy el Principio, el Misterio y el Camino.

Sígueme.

Agradecimientos

Gracias al **Principio** de todas las cosas por verme y amarme antes que de que yo mismo me viera y amara.

A todas las personas que, con sus palabras o escritos, me guiaron hacia la **Verdad**.

A mi comunidad en Puertollano, por ser un espacio seguro donde explorar mi **Fe**.

A **Ana**, por ser quien primero me imaginó escribiendo.

A **Andy**, por ser generoso guardián, y a la **Fundación Pontea**, por impulsarme en esta nueva etapa hacia el **Misterio**.

Gracias, **Paula**, **Gerson**, **Enric**, **Lucas**, **Gabi**, **Dora** y **Rubén**, por afilar cada una de mis palabras.

Mi agradecimiento más profundo va, en especial, a mi familia.

A **Irene**, **Encarni** y **Monteolivos**, por cuidar de mi cuerpo y mi alma durante estos meses de escritura.

A mis abuelos, **José** y **Josefa**, por su casa en el campo de Genilla, donde pude encontrar la paz para escribir.

A mi padre, **Evelio**, por enseñarme a vivir con coraje, y a mi madre, **Carmen**, por su ejemplo de fe y sacrificio.

A mi hermano, **Pablo**, por ser un amigo fiel.

A ti, **Paula**, por mostrarme —consciente e inconscientemente— lo que implica el **Camino**. Sin ti, no habría tanto Misterio.

Finalmente, gracias a mí mismo por la entrega y la pasión puestas en este libro, por confiar en el proceso y, sobre todo, por caminar hasta el final.